Mosaik

RHODA BAKER / MILES DENYER

DRACHEN selbstgebaut

Schritt-für-Schritt-Anleitungen für alle Modelle
Tips zu Material und Ausrüstung

MOSAIK VERLAG

DANKSAGUNG
Der Verlag möchte sich hiermit bei Gill Bloom für die Fotos auf den Seiten 7, 9 und 21 und bei der Bildagentur Ann Ronan, von Image Select, für die Fotos auf der Seite 11 bedanken.

Die Originalausgabe erschien 1993 unter dem Titel *Making Kites* bei Quintet Publishing Ltd., London

Der Mosaik Verlag ist ein Unternehmen der Verlagsgruppe Bertelsmann

München / 5 4 3 2 1

Übersetzung: Martin Hagensen
Redaktion: Ingrid Motzkus
Satz: ConceptSatz GmbH, München
Printed in China
ISBN 3-576-10392-9

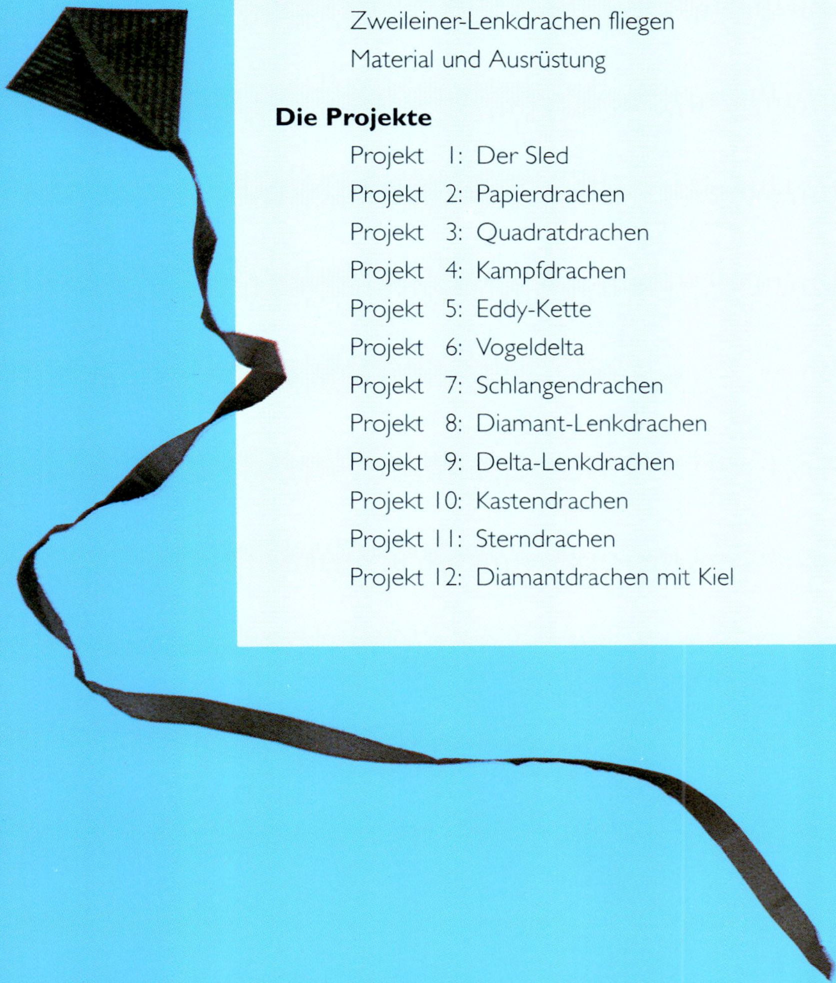

INHALT

EINFÜHRUNG

DIE FRÜHGESCHICHTE DER DRACHEN

Drachen stammen aus Asien. Sie sind vermutlich vor etwa 3000 Jahren in China erfunden worden. Aber das Drachenfliegen hat sich unabhängig davon auch auf den Inseln im Südpazifik entwickelt. Das Geheimnis des Drachenbauens hat sich von China bald auch nach Korea, Japan, Malaysia und Indien ausgebreitet, wo Drachen noch heute sehr beliebt sind.

Man weiß nicht, wann es in Europa die ersten Drachen gab, wahrscheinlich waren sie schon im antiken Griechenland bekannt. Eine erste zuverlässige Beschreibung jedenfalls ist in einer militärtechnischen Schrift, »Bellifortis«, aus dem Jahr 1405 zu finden.

FESTDRACHEN

In Asien haben die Drachen oft eine religiöse oder eine rituelle Bedeutung. Chinesische Drachen versinnbildlichen das Fabeltier Drache, das in der chinesischen Folklore eine Rolle spielt. Drachen in Form von Vögeln, Schmetterlingen oder Tausendfüßlern sind von Bedeutung.

In Malaysia glaubt man, daß böse Geister ferngehalten werden, wenn nachts ein Drachen über dem Haus fliegt. In Korea schreibt man den Namen eines neugeborenen Kindes auf einen Drachen, läßt ihn dann vom Wind forttragen, um die bösen Geister, die sich zur Geburt eingefunden hatten, mitzunehmen. Wer einen solchen Drachen findet, sollte ihn liegenlassen, denn er bringt Unglück.

In Japan baut nicht selten eine ganze Dorfgemeinschaft an einem 100 Quadratmeter großen Drachen, bei dessen Start anläßlich eines Festes wiederum alle Dorfbewohner mit anpacken müssen.

SPORT

Drachen sind schon sehr früh auch als Sportgeräte eingesetzt worden. So sind Drachenkämpfe vor allem in Indien und Thailand sehr beliebt. Die Flugleinen der Drachen werden dort mit feinem Glasstaub beklebt, um damit die Leine des gegnerischen Drachen zu durchschneiden.

In Thailand kämpfen Mannschaften gegeneinander. Das eine Team fliegt einen sternförmigen *Chula*, das andere den kleineren *Pakpao*. Ziel ist es, den gegnerischen Drachen zum Abstürzen zu bringen. Das soll den Kämpfern und den Zuschauern nicht nur Unterhaltung bereiten, sondern auch die Monsunwinde vertreiben.

In einigen südamerikanischen Ländern bestückt man die Kampfdrachen mit Rasierklingen und versucht damit, die Papierbespannung des gegnerischen Drachen während des Fluges zu beschädigen und ihn somit flugunfähig zu machen.

KRIEGSDRACHEN

Schon sehr früh wurde erkannt, daß Drachen einiges Gewicht hochziehen können. So wurden sie in asiatischen Ländern eingesetzt, um Seile zum Bau einer Hängebrücke über einen Fluß zu befördern. Und sogar Menschen wurden mit Drachen in die Höhe gezogen. Etwa um 169 v. Chr. soll ein chinesischer General einen Soldaten zum Beobachten einer belagerten Stadt und zum Abschätzen der Länge eines bis zur Stadtmauer zu grabenden Tunnels mit einem Drachen in die Luft gehoben haben.

Der Weltreisende Marco Polo hat später beobachtet, daß chinesische Schiffsführer sozusagen als Orakel einen Gefangenen von einem Drachen hochtragen ließen. Kam der Ärmste heil zurück, galt das als ein gutes Omen für die geplante Seereise. Stürzte die Versuchsperson ab, wurde der Aufbruch verschoben. Glücklicherweise hielt sich diese Methode der Wettervorhersage nicht lange.

LUFTARTISTEN

Die Bewohner von Nazca im alten Peru kratzten in die flache, karge Landschaft ein großflächiges Geflecht von Linien und Bildern, deren Dimensionen so gewaltig sind, daß sie vom Boden aus nicht übersehen werden können. Viele Wissenschaftler und Forscher haben sich mit diesen Bildern beschäftigt. Einige meinen, sie könnten nur von Außerirdischen gefertigt worden sein. Eine andere Theorie sagt, daß die Bilder von Priestern entworfen worden sind, die von Drachen aus die Handwerker eingewiesen haben. Allerdings gibt es keinerlei Zeugnisse dafür, daß es vor 1492, vor der Entdeckung Amerikas durch Europäer, auch in Amerika schon Drachen gegeben hat.

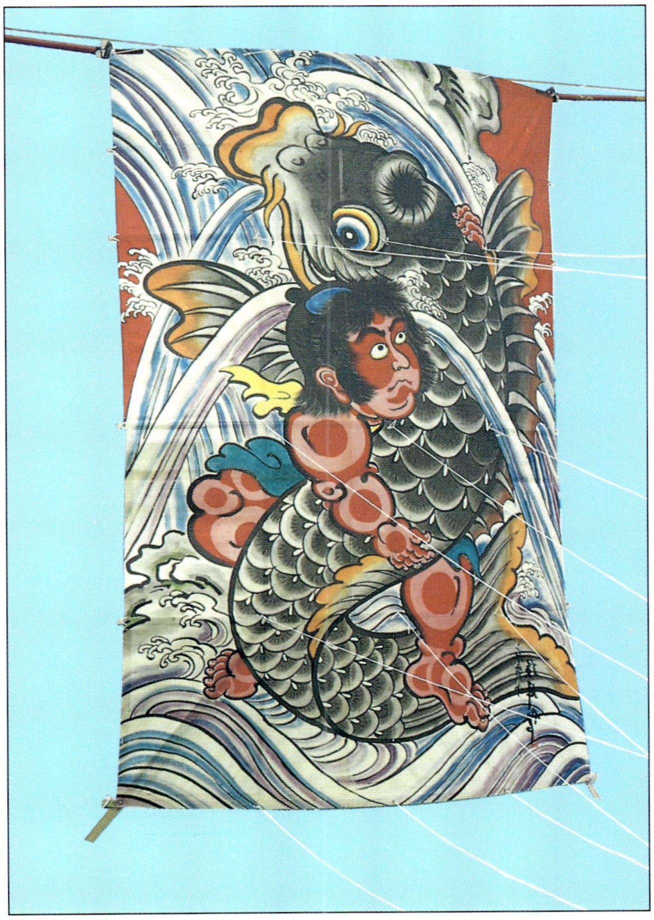

Oben
Drachen wie diese können, wenn sie als Gespanne geflogen werden, spektakuläre Höhen erreichen.

Links
Der Edo-Drachen ist eine sehr alte japanische Drachenform, die auch heute noch mit den traditionellen Motiven bemalt wird.

JÜNGERE ENTWICKLUNGEN

In Europa waren Drachen lange Zeit nur Kinderspielzeug; ein ernsthafteres Interesse fanden sie erst im 18. Jahrhundert. 1749 ließ der schottische Wissenschaftler Alexander Wilson mehrere Drachen mit Thermometern aufsteigen, um die Lufttemperatur in verschiedenen Höhen zu messen. Drei Jahre später, 1752, unternahm der Amerikaner Benjamin Franklin sein berühmtgewordenes elektrisches Experiment: Er ließ während eines Gewitters einen Drachen steigen und führte vor, daß ein Schlüssel am unteren Ende der Drachenschnur elektrisch geladen war. Franklin hatte Glück, daß er dieses Experiment unbeschadet überstand, denn die elektrische Energie des Blitzes hätte ihn töten können. Bis in das frühe 20. Jahrhundert benutzten Meteorologen Drachen für ihre Messungen in der Atmosphäre, erst seitdem werden Ballone, Flugzeuge und Satelliten eingesetzt.

DER TRAUM VOM FLIEGEN

Inspiriert durch den Flug eines Drachens mit gewölbter Bespannung, befaßte sich der Engländer Sir George Cayley seit 1804 mit dem Prinzip des nicht angeleinten Schwerer-als-Luft-Flugs. Er baute einen großen Drachengleiter, mit dem er seinen Kutscher über ein Tal fliegen ließ.

Ende des 19. Jahrhunderts setzten die Brüder Wilbur und Orville Wright Drachen ein, um ihre Idee einer Flugmaschine zu testen. 1903 starteten sie mit einem riesigen Kastendrachen zum ersten Motorflug.

Unterdessen waren Fesseldrachen in Europa und Amerika populär geworden und auf vielen Veranstaltungen zu sehen. Der Angloamerikaner Samuel Cody, für spektakuläre Shows bekannt, ließ sich in einem Boot von Drachen sogar über den Ärmelkanal ziehen.

Der Erfinder des Telefons, Alexander Graham Bell, entwarf und baute Drachen aus pyramidenförmigen Kammern in Tetraeder-Form. 1907 trug ein solcher Drachen mit 3393 Kammern einen Menschen in 50 Meter Höhe.

ARBEITSDRACHEN

Drachen waren nicht nur Testobjekte für die Idee vom Fliegen, sondern wurden auch für andere Zwecke eingesetzt. 1827 ließ der Engländer George Pocock eine Kutsche von zwei riesigen Drachen ziehen – doch die Idee eines »fliegenden Wagens« wurde aus naheliegenden Gründen nicht weiterentwickelt.

1847 wurde beim Bau einer Hängebrücke über den Niagara in den Vereinigten Staaten ein Kinderdrachen als Hebegerät eingesetzt. 1901 trug der Drachen des Italieners Guglielmo Marconi eine Funkantenne so hoch, daß die erste transatlantische Funkverbindung zustande kam. Fünf Jahre später, 1906, wurden mit Hilfe von Drachen Luftaufnahmen des erdbebenzerstörten San Francisco gemacht.

Und 1919 erreichte ein Gespann von acht Drachen über dem Observatorium Lindenberg bei Berlin eine Höhe von 9740 m, ein bis heute nicht übertroffener Weltrekord. Kein Wunder, daß ein Science-fiction-Autor vorschlug, mit Drachen Menschen zum Mond zu befördern.

DRACHEN IM KRIEG

Während des zweiten Weltkriegs wurden Drachen für unterschiedliche Zwecke verwendet. Als Beobachtungsstationen über Schiffen, als Zieldrachen für Schießübungen der Flugabwehr – und als Teil der Überlebensausrüstung für Flugzeugbesatzungen. Diese Drachen trugen Radioantennen, mit denen Notsignale abgegeben werden konnten.

KUNSTFLUG-DRACHEN

Seit dem zweiten Weltkrieg ist das Interesse an Drachen als Spielzeug und Sportgerät wiedererwacht. Daran sind einerseits das neue Design, aber vor allem drei Erfindungen beteiligt.

Der Amerikaner Francis Rogallo ließ sich 1948 seinen flexiblen Drachen patentieren, von dem später die Hanggleiter und die Ultraleicht-Flugzeuge abgeleitet wurden.

1964 entwarf der Amerikaner Domina Jalbert die aerodynamisch geformte »Parafolie«, die sowohl als Drachen wie als Fallschirm eingesetzt werden kann.

Und 1975 stellte der Engländer Peter Powell den Lenkdrachen mit zwei Leinen vor, der eine völlig neue Welt des Drachenfliegens eröffnete.

Links
Der Amerikaner Woodbridge Davis konstruierte 1894 einen Drachen zur Rettung Schiffbrüchiger von gestrandeten Schiffen. Der Drachen sollte eine Rettungsleine mit einer Hosenboje zum Schiffswrack bringen.

Links
Der Schweizer Dr. Colladon ließ 1844 an einem riesigen Drachen eine auf einem Korbstuhl sitzende Puppe in die Höhe tragen. Den Auftrieb für diese »Drachenfähre« lieferte ein großer Schirm.

EINLEINER-DRACHEN FLIEGEN

Für einen einwandfreien Start braucht man eine gleichmäßige Luftbewegung. Das Flugfeld sollte deshalb frei von Gebäuden und anderen Hindernissen sein, die Luftturbulenzen erzeugen könnten. Um einen Drachen zu starten, ist ein Hügel oder Hang gut geeignet, allerdings sollte der Startplatz auf der windzugewandten Seite liegen.

Vor dem Start ist zu prüfen, ob die Waage einwandfrei angeordnet ist und die Flugleine nirgendwo festhängt.

DER START

Die schlechteste Methode ist, mit dem Drachen entgegen der Windrichtung anzurennen. Der Wind soll den Drachen von allein hochtragen, dafür steht man mit dem Rücken zum Wind, wickelt etwas Leine von der Haspel und läßt die Schnur mit dem Drachen aus der Hand gleiten. Bei schwachem Wind braucht man einen Helfer, der sich mit dem Drachen etwa 20 bis 30 Meter nach Lee (Windschatten) entfernt. Die Flugleine wird gespannt, und auf ein Signal läßt der Helfer den aufrecht gehaltenen Drachen los, während man an der Leine zieht.

FLUGTIPS

Wenn der Wind nahe dem Boden nicht stark genug ist, verfährt man folgendermaßen: Durch Anziehen der Leine steigt der Drachen, dann läßt man Leine nach, und der Drachen fällt dabei ab. Dies wiederholt man so lange, bis der Drachen sicher in der Luft steht.

Taucht der Drachen plötzlich kopfunter ab, nie an der Leine ziehen; besser ist es, Leine nachzugeben und erst dann, wenn sich der Drachen zwischendurch aufrichtet, schnell anzuziehen. Um Bruch bei einem Absturz zu vermeiden, Haspel und Schnur fallen lassen, wenn der Drachen etwa nur noch etwa einen Meter über Grund ist.

Berühren sich die Flugleinen zweier Drachen, niemals ziehen! Die beiden »Piloten« müssen aufeinander zugehen und die Leinen trennen.

Für die Landung die Schnur mit beiden Händen nach und nach herunterziehen und in lockeren Schlingen auf den Boden legen. Großen Drachen sollte man dabei entgegenlaufen und zum Herunterziehen der Leine immer Handschuhe tragen.

Rechts
Bei ausreichend kräftigem Wind kann man den Drachen aus der Hand starten lassen. Dabei gleichmäßig Leine nachgeben.

Bei schwächerem Wind braucht man einen Helfer, der mit dem Drachen etwa 15 bis 20 Meter Leine abrollt. Auf Zuruf zieht man an der Leine, während der Helfer den Drachen frei gibt.

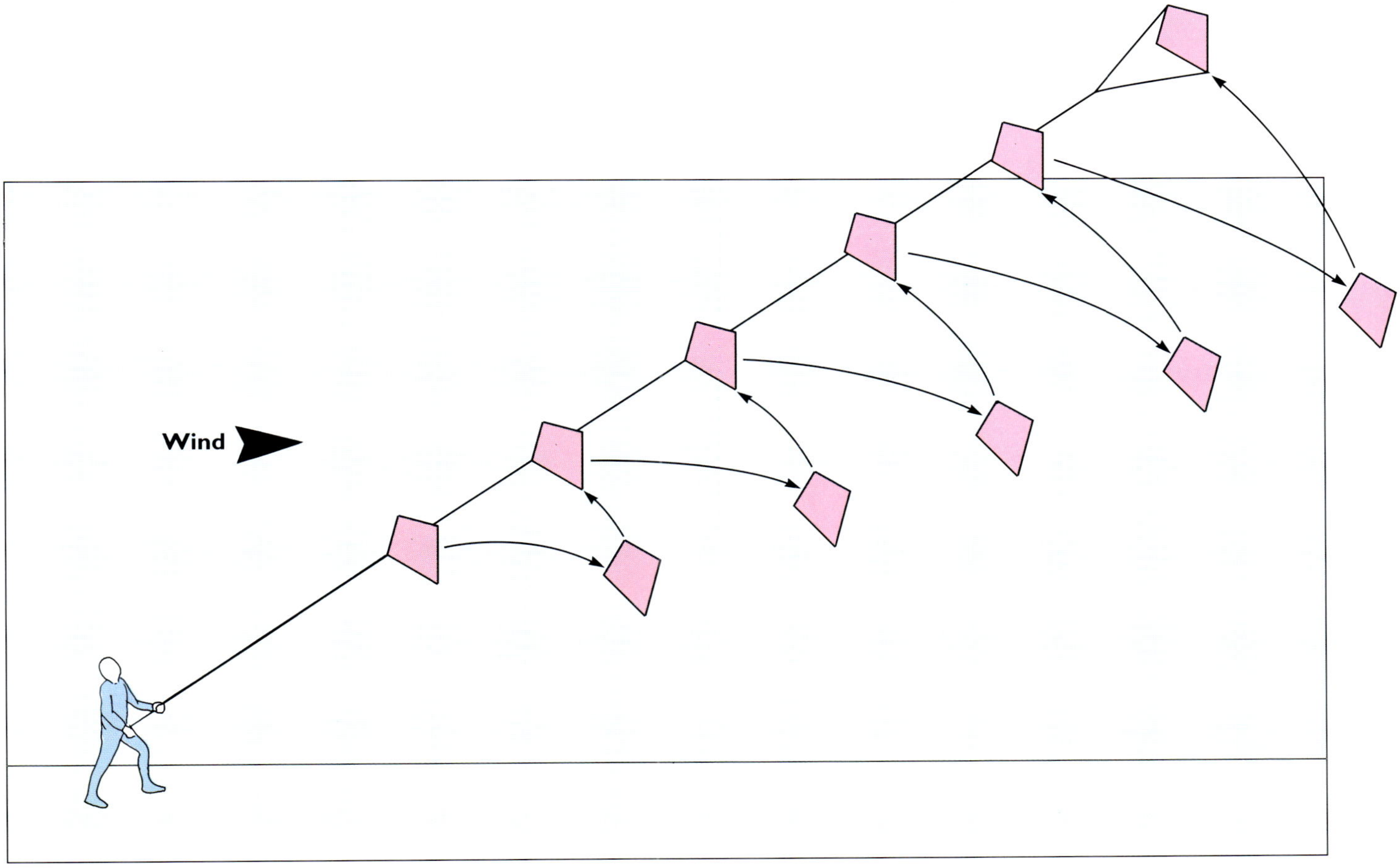

Oben
Die Technik des Hochstarts: Durch wechselndes Ziehen und Nachlassen der Schnur gewinnt der Drachen allmählich Höhe und gelangt in die kräftigere Windströmung.

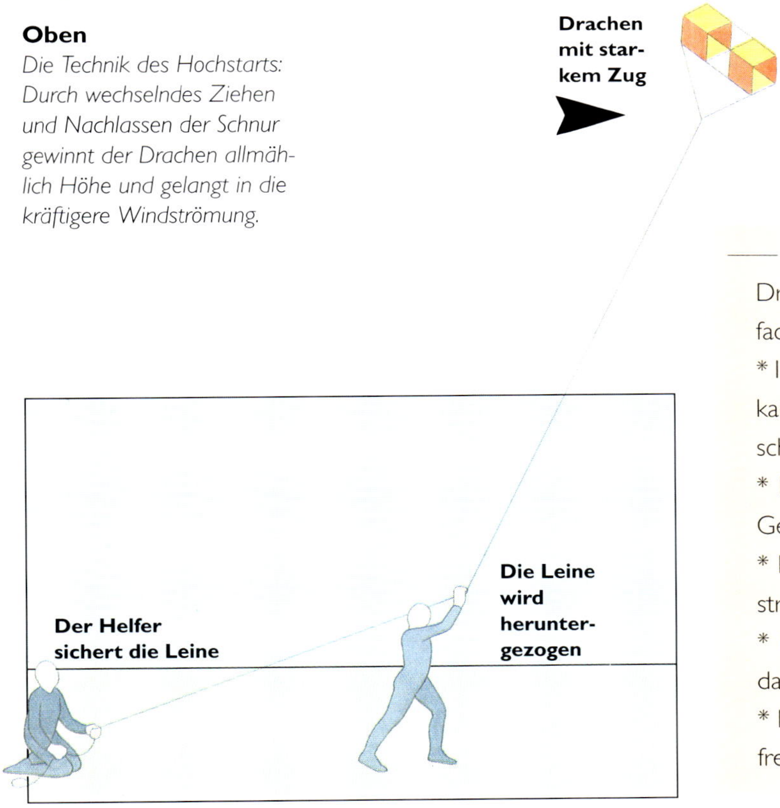

Links
Bei dieser Landetechnik muß man vor allem bei großen, stark ziehenden Drachen Handschuhe tragen.

SICHERHEITSREGELN

Drachen fliegen macht Spaß – solange man ein paar einfache, aber wichtige Regeln beachtet:

* Immer Handschuhe aus Leder tragen. Bei starkem Wind kann die Leine eines großen Drachens in die Haut schneiden.

* Nie in der Nähe von Starkstromleitungen und nie bei Gewitter Drachen steigen lassen.

* Es ist verboten, nahe Flugplätzen, Bahnlinien und Landstraßen oder Autobahnen Drachen steigen zu lassen.

* Nie auf einen Baum steigen, um einen Drachen, der darin gelandet ist, zu befreien.

* Immer fair und hilfsbereit gegenüber anderen Drachenfreunden sein, jedem ausreichend Luftraum lassen.

ZWEILEINEN-LENKDRACHEN FLIEGEN

Ein Lenkdrachen braucht ständige Aufmerksamkeit und Kontrolle durch den Piloten – anders als der Einleiner. Das Steuern des Drachen ist an sich einfach. In jeder Hand führt man eine Flugleine, zieht man die linke an, fliegt der Drachen nach links; soll er nach rechts fliegen, zieht man die rechte Leine.

Lenkdrachen können hohe Geschwindigkeiten erreichen und sind deshalb nicht ungefährlich. Man darf nie andere Drachenflieger oder Zuschauer gefährden. Im Zweifel sollte man an anderer Stelle des Flugfeldes den Drachen fliegen lassen.

DER START

Anfänger sollten mit einem Helfer starten, mit einiger Übung kann man dann den Lenkdrachen auch allein starten.

Der Helfer entfernt sich mit dem Drachen nach Lee, der Pilot wickelt beide Leinen gleichmäßig ab. Beide Leinen werden gespannt, der Helfer hält den Drachen aufrecht und gibt ihn auf Zuruf frei.

Man läßt den Drachen erst einmal senkrecht Höhe gewinnen, dabei werden beide Hände in gleicher Höhe nebeneinander gehalten.

FLUGTIPS

Je kürzer die Flugleinen sind, desto schneller und exakter müssen die Steuerbewegungen sein. Anfänger sollten mit höchstens 60 Meter langen Leinen manövrieren.

Auch sollten sie den Drachen nicht zu dicht über dem Boden fliegen lassen, denn er könnte leicht abstürzen und zu Bruch gehen. Für Drachen mit starkem Zug braucht man einen sicheren Stand; notfalls läßt man sich von einem Helfer festhalten.

FLUGMANÖVER

Die einfachste Figur ist ein Kreis. Man zieht mit einer Hand die betreffende Leine an, der Drachen dreht sich zu dieser Seite. Anfänger sollten erst große Kreise fliegen und dabei die Hände dicht nebeneinander halten. Für kleinere und schnellere Kreise nimmt man die Hände weiter auseinander.

Beim Kreisen überkreuzen sich die Schnüre, durch Kreisen in die Gegenrichtung legt man sie wieder parallel.

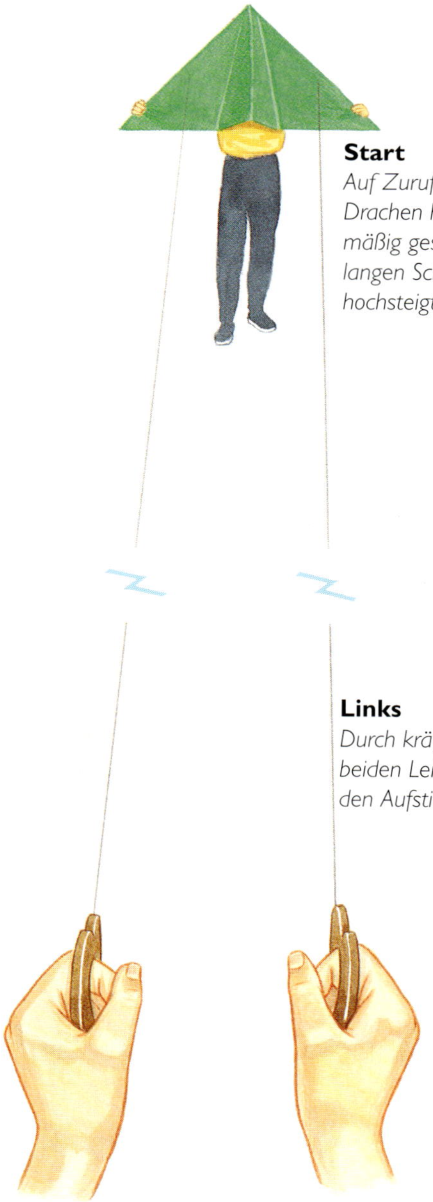

Start
Auf Zuruf wirft der Helfer den Drachen hoch, der bei gleichmäßig gespannten und gleichlangen Schnüren senkrecht hochsteigt.

Links
Durch kräftiges Ziehen an beiden Leinen beschleunigt man den Aufstieg des Drachens.

Schwenk nach rechts
Durch leichten Zug an der rechten Leine.

Schwenk nach links
Durch leichten Zug an der links geführten Leine.

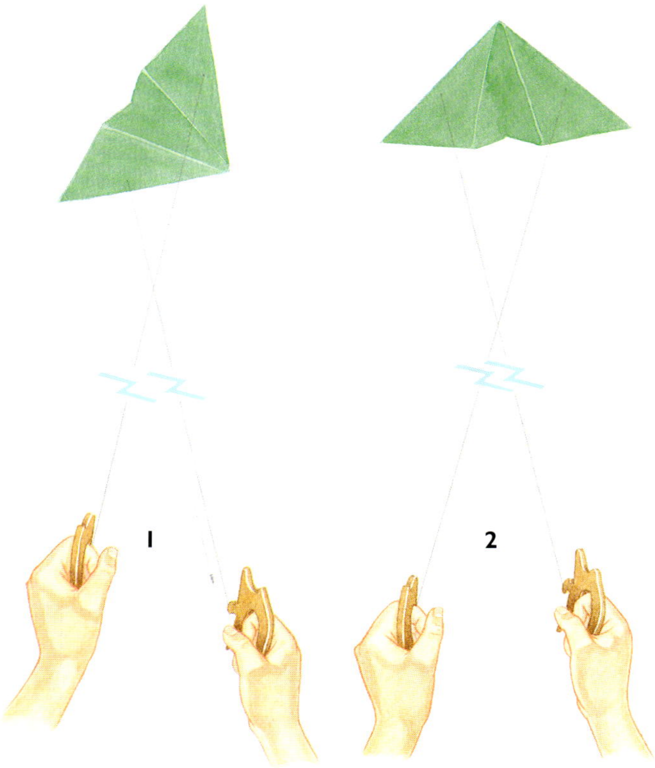

Der Vollkreis rechts herum
1 *Durch Zug an der rechten Leine den Drachen nach rechts abkippen lassen.*
2 *Kurz vor dem Scheitelpunkt die Hände wieder in parallele Stellung bringen.*

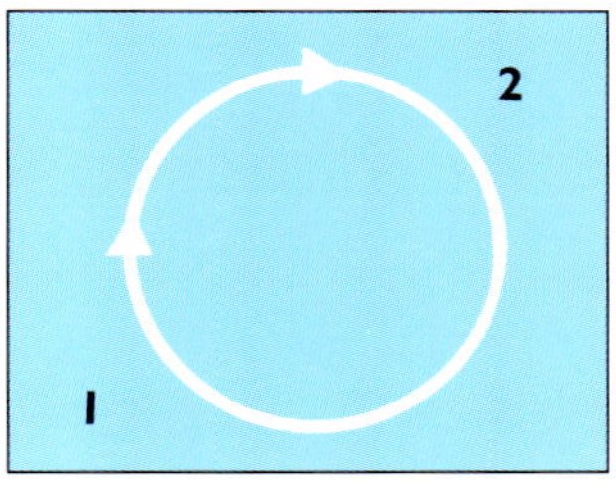

Die liegende Acht
1 *Rechte Leine anziehen und gleich wieder nachlassen.*
2 *Durch Zug an der linken Leine die Gegenbewegung einleiten.*
3 *Wieder an der rechten Leine ziehen und den Drachen zum Startpunkt der Figur zurückführen.*

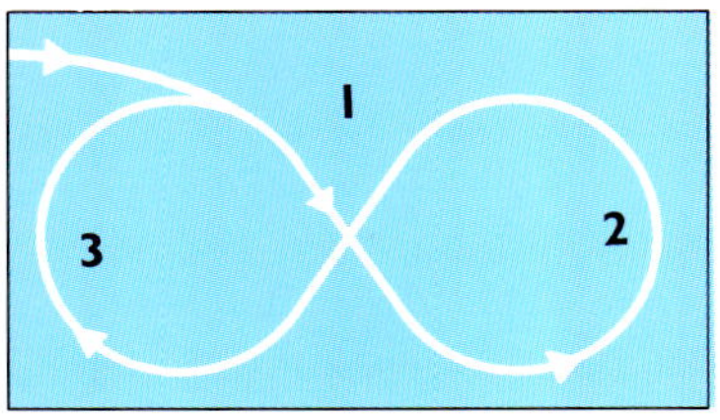

MATERIAL UND AUSRÜSTUNG

Für jeden Drachen in diesem Buch haben wir das geeignete Material vorgeschlagen, aber es kann und darf variiert werden. In den Drachenläden findet man viele wunderschöne Werkstoffe, aber sie können oft auch durch billigere Materialien ersetzt werden – und die Drachen fliegen meistens genauso gut. Aber wenn man andere Materialien verwendet, sollte man den betreffenden Drachen bei relativ leichtem Wind testen. Es wird sicher Spaß machen zu experimentieren.

STOFF, KUNSTSTOFF UND PAPIER

Ripstop-Nylon oder Spinnakertuch ist ein ideales, weil widerstandsfähiges und in vielen Farben erhältliches Material. Aber es ist teuer und nur in Drachenläden oder bei Segelmachern zu bekommen. Ein dichtes Baumwoll- oder Polyestergewebe oder auch Seide können ebenfalls verwendet werden. Einfachere Drachen baut man aus Plastikfolien, wie etwa aus Müllbeuteln. Man kann Drachen für leichten Wind aber auch mit Geschenkpapier, dem üblichen Drachenpapier oder sogar mit Zeitungspapier bespannen – und sie werden, sofern sie nicht naß werden, erstaunlich lange halten.

DRACHENGESTELLE

Dübelhölzer ergeben leichte und billige Drachengestelle, das Raminholz ist sehr widerstandsfähig. In Drachenläden hat man die Wahl zwischen Stäben und Rohren aus Kunststoff oder Kohlefasern. Solches High-Tech-Material braucht man vor allem für die Lenkdrachen in diesem Buch. Nicht zu vergessen sind aber gespaltener Bambus oder – für extrem kleine und leichte Drachen – sogar Trinkhalme.

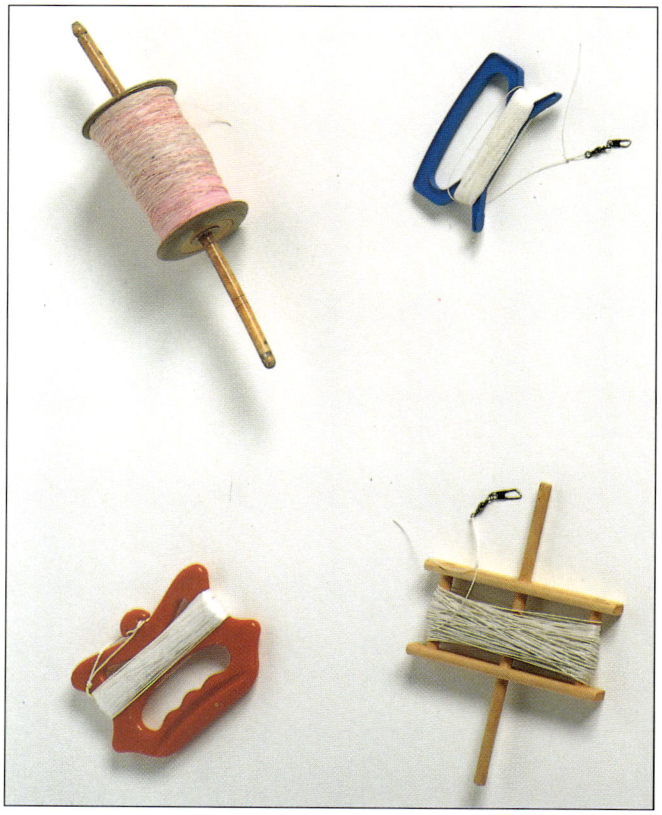

Vier unterschiedliche Spulen und Griffe für die Flugleine.

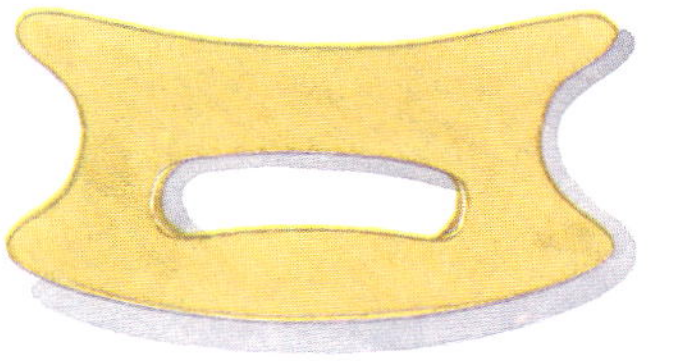

Für leichte Drachen kann man sich den Griff selber bauen, aus 12 mm dickem Sperrholz zum Beispiel. Alle Kanten müssen rund- und glattgeschliffen werden, damit die Schnur nirgendwo hängenbleiben kann.

SCHNÜRE

Im Drachenladen werden zahlreiche Schnursorten aus unterschiedlichen Materialien und in verschiedenen Stärken für unterschiedliche Beanspruchung angeboten. Für leichte bzw. Leichtwinddrachen kann aber auch eine dünne Angelleine aus Nylon genügen.

SPULEN UND GRIFFE

Auch hier bieten die Drachenläden viele unterschiedliche Modelle an, jeweils für Einleiner- oder Lenkdrachen ausgelegt. Man kann sich eine einfache Spule aus einem Stück Sperrholz aber auch selber anfertigen. Wichtig sind glattgeschliffene Kanten und ein gut in die Hand passender Griff.

Das Werkzeug für den Drachenbau
(von oben im Uhrzeigersinn)
Kleine Bügelsäge
Farbmarker
Lineal
Klebeband
Schleifpapier
Bleistifte
Schere
Abdeckband
Bastelmesser
Nadel und Faden
Stecknadeln
Kleber
Schneidmatte

WAAGEN

Bei manchen Drachen – wie etwa dem Kastendrachen auf Seite 67 – wird die Flugleine direkt am Gestell befestigt. Andere Modelle brauchen eine Waage, damit der Drachen stets im besten Winkel gegen den Wind gehalten wird. Die richtige Einstellung der Waage ist wichtig und sollte je nach vorherrschendem Wind justiert werden.

Bei schwächerem Wind verstellt man den Waagepunkt nach hinten. Der Anstellwinkel ist dann größer, der Drachen bietet dem Wind eine größere Fläche an. Bei starkem Wind wird umgekehrt der Anstellwinkel verkleinert.

Läßt man den Drachen am Waagepunkt nach unten hängen, kann man auch prüfen, ob beide Seiten gleich schwer sind oder ob etwa auf der Querstrebe ein leichtes Zusatzgewicht (ein Stückchen Holz) angebracht werden muß.

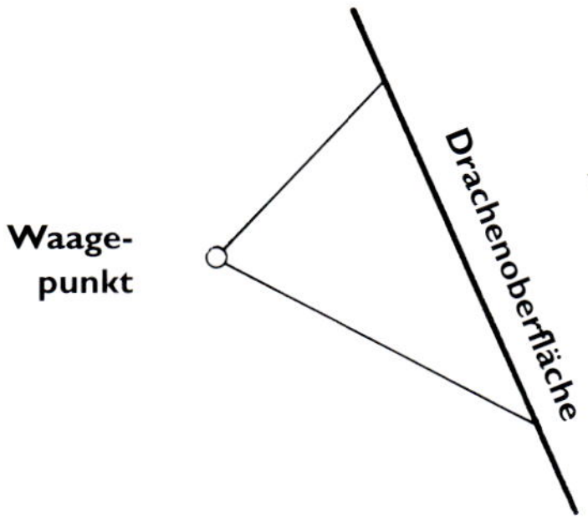

Bei leichtem Wind wird der Waagepunkt tiefer eingestellt.

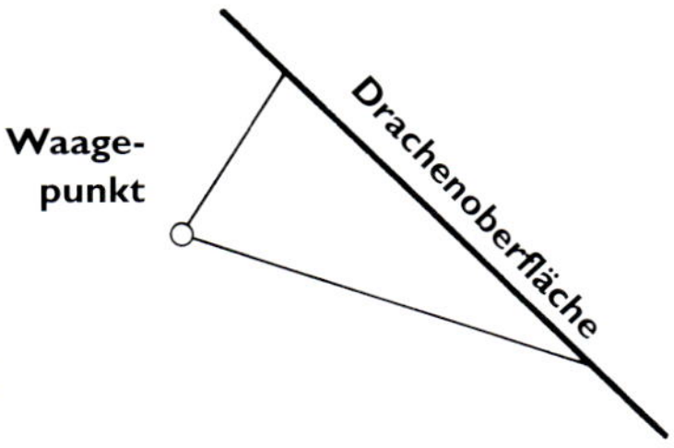

Für starken Wind ist der Waagepunkt näher zur Drachenspitze zu verlegen.

KLEINTEILE

Am Waagepunkt wird am besten ein Ring angebracht, die Flugleine daran mit einem Wirbel eingehängt. Solche und viele andere Kleinteile gibt es im Drachengeschäft ebenfalls in großer Auswahl – wie etwa Endkappen für die Stäbe, Schnurspanner, Verbindungsteile und zahlreiches anderes Zubehör. Manches, wie etwa Plastikschläuche für Stabverbindungen, gibt es aber auch im Baumarkt.

DRACHENKIELE

Manche Drachen sind mit einem Kiel ausgestattet, der eine Waage ersetzt und für ein stabileres Flugverhalten sorgt. In der Regel ist es eine dreieckige Fläche unter der Längsachse des Drachens, die den Drachen besser gegen den Wind ausrichtet. An der Spitze des Kiels sollten es zwei oder drei Waagepunkte erlauben, den Drachen optimal auf den Wind einzustellen.

Der Kiel muß besonders sorgfältig mit dem Drachen verbunden sein, denn nur so kann er die Zugkräfte auf die ganze Länge der Drachenachse verteilen und die Bespannung gleichmäßiger belasten.

TIPS FÜR DEN DRACHENBAU

Alle Drachen in diesem Buch sind problemlos zu bauen. Anfänger sollten sich dennoch erst einmal an einfachen Modellen wie dem Sled (S. 22) oder dem kleinen Papierdrachen (S. 25) versuchen. Wenn den genau beschriebenen und gezeigten Arbeitsschritten gefolgt wird, kann nichts schiefgehen.

SICHERHEIT BEIM SCHNEIDEN

Wenn Plastikfolie oder -schläuche mit einem Messer geschnitten werden, sollte eine Schneidmatte oder dicke Pappe untergelegt werden. Nie auf die zweite Hand zuschneiden, das Messer könnte einmal ausrutschen. Wird Spinnakertuch mit dem Lötkolben heiß geschnitten, ist für ausreichend Lüftung zu sorgen.

KLEBEN UND NÄHEN

Für viele Drachen in diesem Buch kann das Bespannungsmaterial geklebt werden – aber Starkwinddrachen und Lenkdrachen verlangen nach haltbareren Konstruktionen: Bei ihnen muß genäht werden. Geeignete oder notwendige Nähte werden in den Bauanleitungen beschrieben.

REPARATUREN

Wenn während des Baus eines Drachens Fehler gemacht werden, sollte man nicht verzweifeln, denn die Reparaturnähte oder Flicken sind an einem hoch in der Luft stehenden Drachen

TEILE MIT EINER KAPPNAHT VERBINDEN

1 *Die zu verbindenden Teile rechts auf rechts zusammenlegen. 15 mm von den Kanten zusammennähen.*

2 *Die beiden Nahtzugaben öffnen, eventuell auf eine Seite bügeln. Die unten liegende Nahtzugabe auf halbe Breite schneiden.*

3 *Die oben liegende Nahtzugabe umlegen und unter den unteren Randstreifen schieben. Alle Lagen nun parallel zur ersten Naht zusammennähen.*

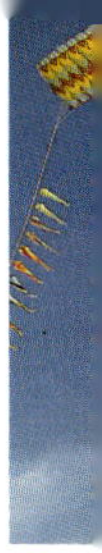

nicht mehr zu sehen. Es ist aber zu bedenken, daß ein aufgenähter Flicken das Gleichgewicht stören kann. Es könnte notwendig werden, der Symmetrie wegen auch die andere Drachenhälfte mit einem Flicken zu versehen.

Bei Drachen mit Papierbespannung wird der Flicken mit einem Klebestift oder mit Klebeband befestigt. Das kann auch bei einer Stoffbespannung funktionieren. Besser sind allerdings aufgenähte oder aufgebügelte Ausbesserungen. Auf Spinnakertuch näht man entweder einen Flicken oder verwendet selbstklebende Reparaturbänder für Spinnakertuch.

Damit man auch auf dem Flugfeld Reparaturen ausführen und gleich danach den Drachen weiterfliegen kann, sollte man immer eine »Erste-Hilfe«-Ausrüstung dabei haben: Reststücke vom Bespannmaterial, Klebstoff und -stift oder auch einen Tacker. Aber immer daran denken, daß das Gleichgewicht nicht gestört wird.

SCHNITT-SCHABLONEN

Bei den meisten Drachen dieses Buches ist ein Schnittmuster für die Bespannung vorgegeben, das natürlich erst auf die richtige Größe gebracht werden muß. Dafür benötigt man festes Packpapier. Die Umrisse des Deltavogels (S. 43) und der Schlange (S.47) vergrößert man am besten so, daß man ein Rastergitter mit 12,5 bzw. 7,5 cm Abstand zwischen den dicker angelegten Linien zeichnet und dann darauf die Zeichnung überträgt. Dieser Umriß wird ausgeschnitten, auf das Bespannmaterial gelegt und mit einem geeigneten Stift nachgezeichnet.

KNOTEN

Drei wichtige Knoten für den Drachenfreund

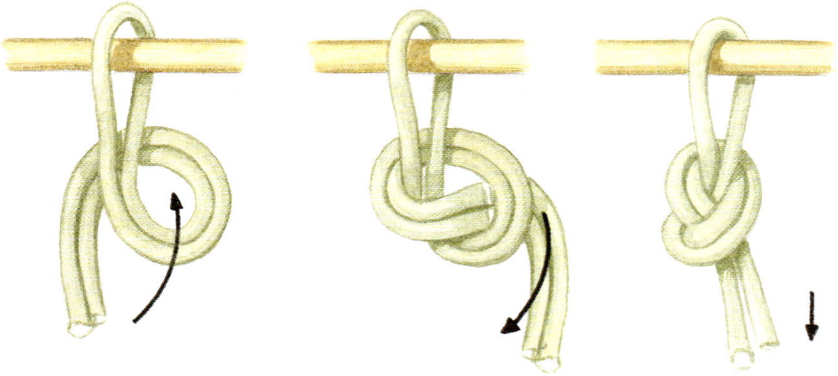

* **ÜBERHANDKNOTEN:** Das doppelt liegende Seilende wird zum »Auge« geknotet.

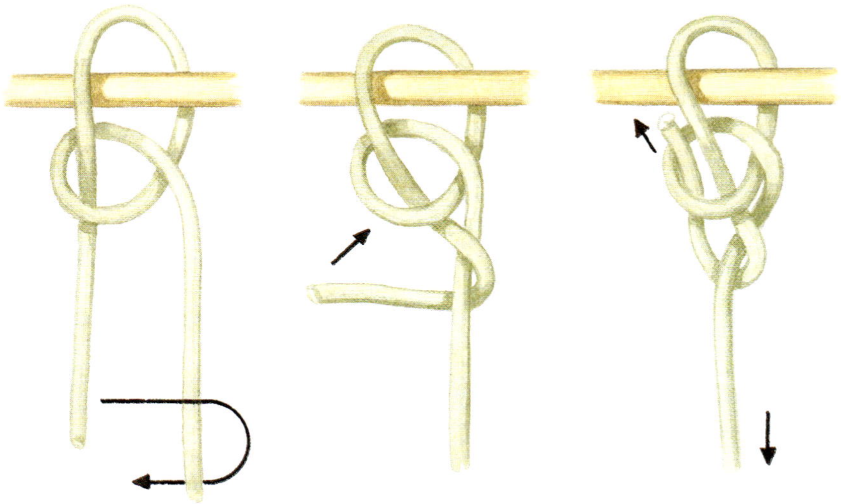

* **DER PALSTEK:** Zur Verbindung von Schnur und Gestellstäben.

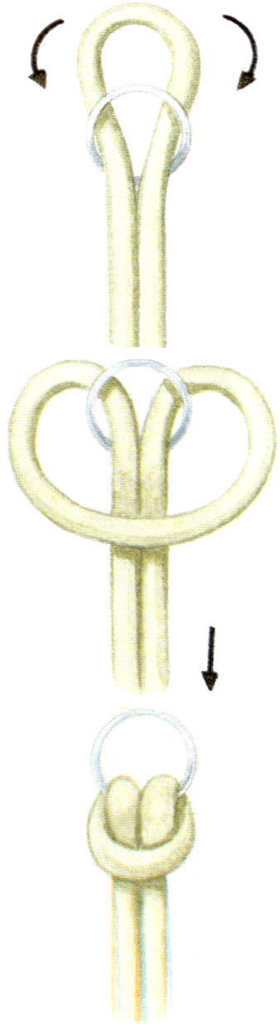

* **BUCHTKNOTEN:** Damit befestigt man einen Ring am Waagepunkt; der Ring kann durch leichtes Öffnen des Knotens verschoben werden.

PROJEKTE

PROJEKT I

DER SLED

SCHWIERIGKEITSGRAD: EINFACH **WIND:** SCHWACH BIS MÄSSIG

Der Sled oder Schlittendrachen ist ein einfacher Drachen, der nur durch zwei Längsstäbe und den Druck des Windes in Form gehalten wird. Damit er sich voll öffnen kann, braucht er eine ziemlich lange Waage. Unser Modell ist mit dem Sternenbanner der USA dekoriert; natürlich kann man ihn auch mit anderen Flaggen oder Ornamenten bemalen. Ein Tip fürs Fliegen: Wenn der Drachen durch Böen zusammenklappt, kann er durch ruckartiges Ziehen an der Leine wieder geöffnet werden.

BAUMATERIAL

Plastikfolie oder großer fester Plastikbeutel

zwei 44 cm lange Dübelhölzer, 5 mm stark

Farbmarker

Drachenschnur

Lineal und Bastelmesser

Schleifpapier

ALTERNATIVEN

*** Der Drachen kann auch aus Packpapier (Natronkraftpapier), aus Tyvek (Drachengeschäft) oder aus Spinnakertuch gefertigt werden.**

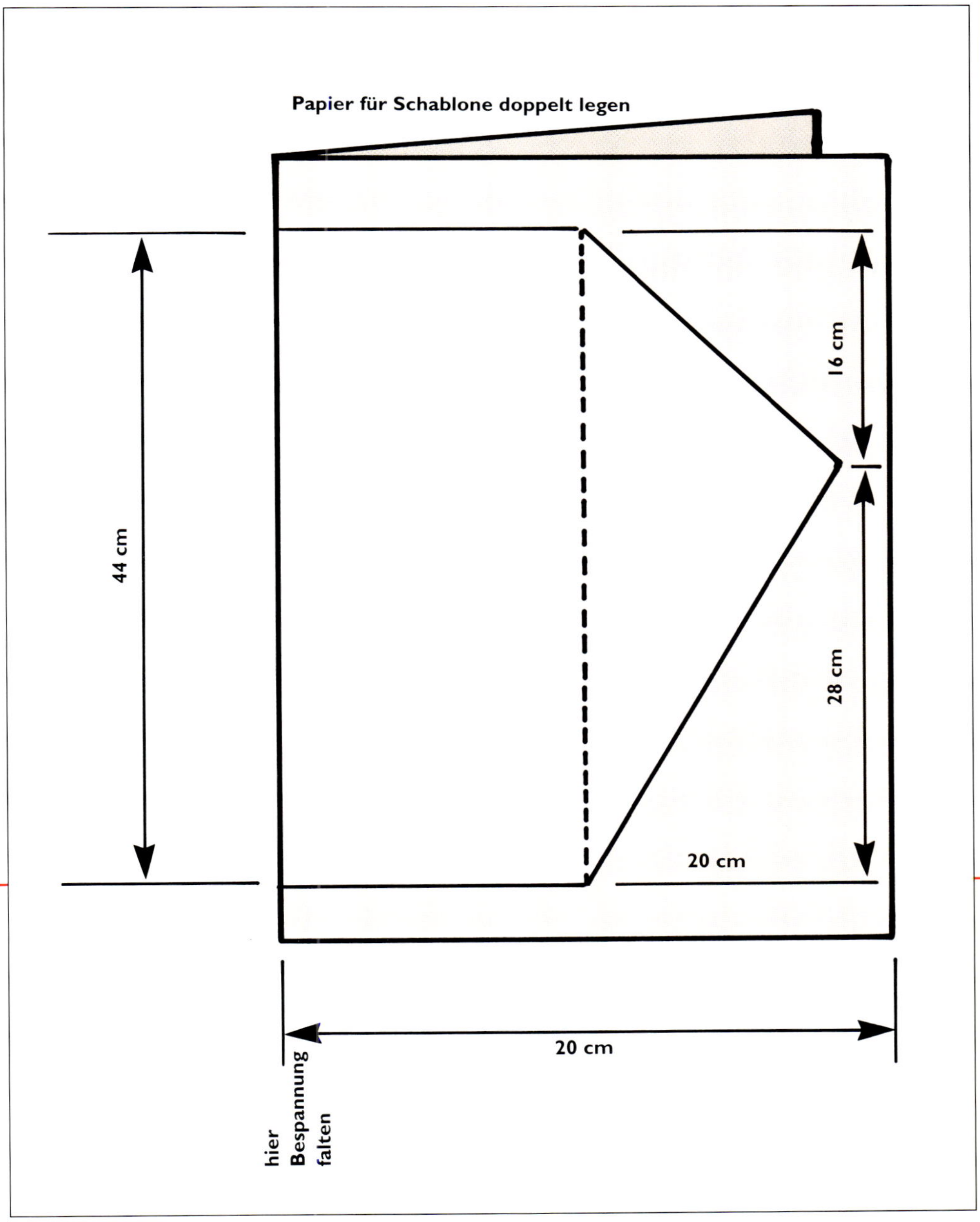

VARIANTEN

*** Unter Beachtung der Proportionen des Schnittmusters kann der Drachen auch kleiner (mit dünneren Dübelhölzern) oder größer (mit 1 m langen 6-mm-Hölzern) gebaut werden.**

*** An den unteren Enden der beiden Stäbe können auch gleich lange Bänder als Schwänze befestigt werden.**

*** Das Flugverhalten wird verbessert, wenn die Oberkante leicht konkav geschnitten ist oder wenn man in das Mittelsegel zwei kreisrunde Löcher mit jeweils 10 cm Durchmesser und 10 cm Abstand zur Unterkante und den Stäben schneidet.**

1 *Die Maße auf ein gefaltetes Papier übertragen, Umrisse ausschneiden und das Papier als Schablone auf das doppelt liegende Bespannmaterial legen. Umriß nachzeichnen und ausschneiden.*

2 *Die zugeschnittene Bespannung auffalten und mit geeigneten Farbmarkern das gewünschte Dekor aufmalen. Dazu die Folie am besten mit einigen Klebstreifen glatt auf dem Tisch festheften. Vorsicht, beim Abziehen der Klebstreifen könnten Sie die Folie beschädigen.*

3 *Zwei Dübelhölzer auf 44 cm Länge zuschneiden, die Enden mit Schleifpapier leicht runden. Die beiden Stäbe dann auf der bemalten Seite der Folie an den Rändern der quadratischen Fläche mit einigen Klebstreifen befestigen. Die Stabenden mit Klebstreifen gut sichern.*

4 *Die Spitzen der Dreieck-Flächen mit etlichen Lagen Klebstreifen verstärken, in die verstärkten Ecken dann Löcher stechen. Durch die Löcher eine 2 m lange Schnur für die Waage ziehen und verknoten.*

5 *In die Mitte der Waageschnur eine Schlaufe knoten, da hier die Flugleine angehängt wird.*

PROJEKT 2

PAPIERDRACHEN

SCHWIERIGKEITSGRAD: EINFACH **WIND:** LEICHT BIS MÄSSIG

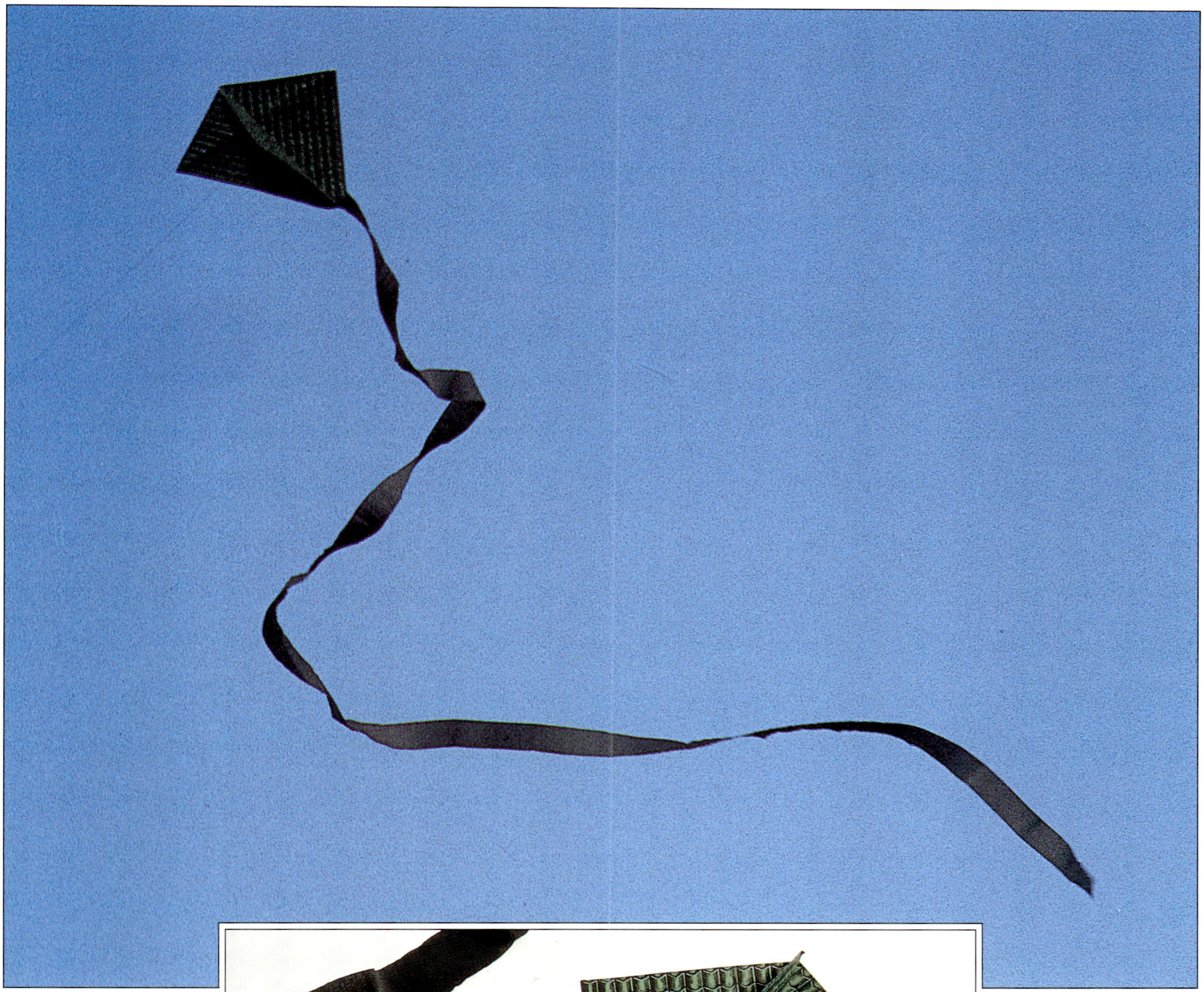

BAUMATERIAL

Brief- oder Geschenkpapier (Größe DIN A 4)

eine Rolle farbiges Kreppapier

ein Bambussplittstab, 23 cm lang

Klebefilm

Klebestift

Bleistift

Lineal

Bastelmesser

dünne Drachenschnur

ALTERNATIVEN

* Für die Bespannung kann auch Drachenpapier oder Tyvek verwendet werden oder ein Rest dünner Tapete.

* Das etwa 1 x 2 mm starke Bambusstäbchen kann aus einem Bambusrollo gezogen oder aus einem dickeren Stab gespalten werden.

* Geeignet ist aber auch ein – absolut gerades – 3 mm dickes Dübelholz.

* Für den Schwanz kann auch eine Schnur mit angeknoteten Papierschleifen verwendet werden.

Ein absoluter Anfängerdrachen, den auch Kinder leicht bauen können. Er sollte nur noch bei mäßigem Wind geflogen werden; stärkerer Wind kann ihn zerstören. Wenn er zu unruhig fliegt, läßt sich das Flugverhalten durch Verlängerung des Schwanzes verbessern.

1 *Das Papier mit der Dekorseite nach außen in der Mitte falten.*

2 *Auf der oberen Hälfte eine diagonale Falte falten, deren Endpunkte jeweils 1 cm von den Papierecken entfernt liegen. Danach das Papier wenden und die andere Hälfte deckungsgleich falten.*

3

4

5

6

3 *Die obere Falte zurückschlagen, ein Lineal auf die beiden Flügelspitzen legen und den Schnittpunkt dieser Linie mit dem Mittelbruch des Papiers anzeichnen.*

4 *Die untere Falte öffnen. Vom angezeichneten Punkt auf dem Mittelbruch des Papiers zum weiter entfernten Endpunkt der Diagonalfalte eine Linie ziehen bzw. hier das Papier durchschneiden.*

5 *Das Papier ganz auffalten, eine Innenfläche des Kiels mit Papierkleber bestreichen und dann beide Hälften glatt zusammenkleben.*

6 *Auf der Oberseite der Bespannung zwischen den Flügelspitzen den Bambussplittstab festkleben.*

7

8

7 *Aus Kreppapier einen etwa 3 m langen und 4 cm breiten Streifen schneiden. Den Streifen am hinteren Ende des Drachens mit Klebstreifen befestigen.*

8 *Die Spitze des Kiels mit Klebstreifen verstärken, dann ein Loch durchstechen und die dünne, leichte Flugleine befestigen.*

PROJEKT 3

QUADRATDRACHEN

SCHWIERIGKEITSGRAD: MITTEL **WIND:** MÄSSIG BIS FRISCH

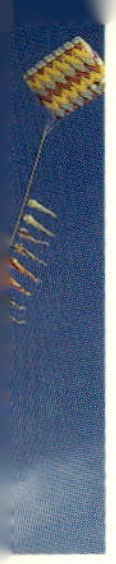

Eine traditionelle Drachenform, die man durch unterschiedliche Schwanzlängen und Einstellung der Waage sehr leicht den Windverhältnissen anpassen kann.

BAUMATERIAL

Baumwollstoff, 58 x 58 cm groß

etwa 10 m Nahtband, 40 mm breit, für den Schwanz und die »Ohren«

Aufbügelflicken, etwa 30 x 30 mm groß

etwa 40 cm Ripsband, 2 cm breit

zwei 80 cm lange Dübelhölzer, 6 mm stark

sieben Schlüsselringe

Bleistift, Schneiderkreide, Schere

Zwirn

Drachenschnur

Alternativen

*** Statt der Dübelhölzer können auch Quadratstäbe, 10 x 10 mm oder Rechteckleisten, 15 x 5 mm eingesetzt werden.**

*** Für diesen Drachen ist jeder leichte, dichte Baumwollstoff geeignet, der sich nicht zu sehr dehnen läßt. Sehr gut läßt sich Inlettstoff verwenden.**

*** Der Schwanz und die »Ohren« können aus beliebigen Stoffresten oder auch aus Papier gefertigt werden.**

1 *Um die Mitte zu finden, erst das Quadrat diagonal, dann das Dreieck auf halbe Größe falten. Das so gefundene Zentrum des Quadrates mit Kugelschreiber markieren.*

2 *Auf die Mittenmarkierung einen quadratischen Aufbügelflicken legen und festbügeln. Um das Zentrum Knopflochstiche nähen, dann einen etwa 1 cm langen Schlitz in den Stoff schneiden.*

3 *An allen vier Kanten einen 15 mm breiten Streifen doppelt umschlagen und säumen.*

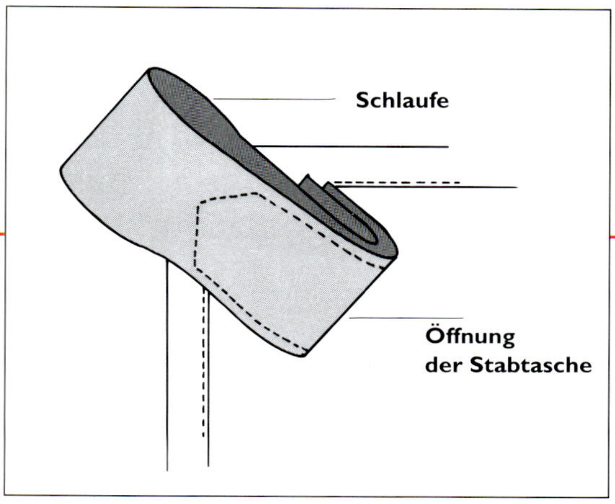

4 *Für die »Ohren« vier je 10 cm lange Stücke Nahtband auf halbe Länge falten, dann die beiden offenen Enden noch einmal 2,5 cm breit umschlagen.*

5 *Diese vier Bänder diagonal so in die vier Ecken des Drachensegels nähen, daß die geschlossenen Falten 3 cm über die Stoffecken stehen und auf den Innenseiten Taschen für die Gestellstäbe entstehen.*

6 *An den Stoffbändern je einen Schlüsselring befestigen.*

7 *Die beiden Dübelhölzer auf 79 cm Länge absägen (vorher am Drachensegel abmessen), die Enden runden und glätten. Die beiden Stäbe in die Taschen stecken, im Kreuzungspunkt die Stäbe mit einem weiteren Schlüsselring zusammenhalten.*

8

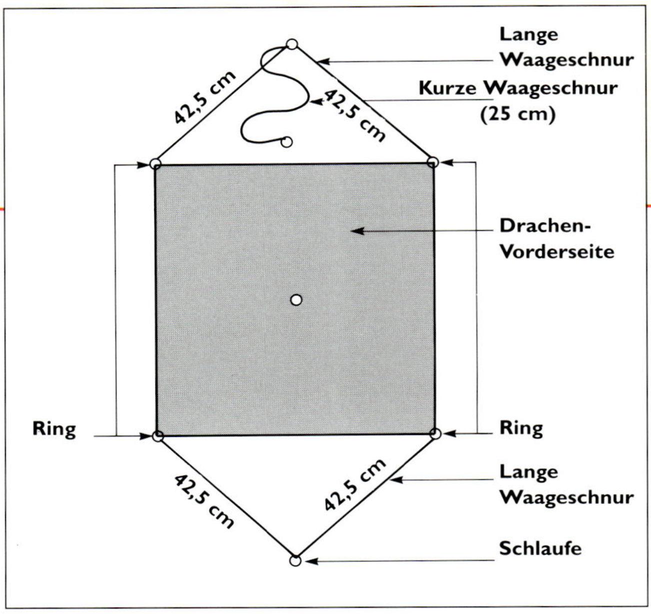

9

10

8 *Zwei Waageschnüre – mit einem Nettomaß von jeweils 85 cm – an die Ringe in den Ecken des Segels knoten und genau in der Mitte mit einer Schlaufe versehen. Die dritte Schnur (Nettolänge 25 cm) an eine der Schlaufen knoten.*

9 *Diese dritte Schnur durch das Loch im Zentrum des Segels führen und mit einer Schlaufe in den Schlüsselring einhängen, der um beide Gestellstäbe geführt ist. Hier wird auch die Flugleine befestigt.*

10 *An ein Ende des langen Nahtbandes einen Schlüsselring nähen und diesen Ring in die Schlaufe der Schwanzwaage einhängen. Schließlich noch in den vier Ecken des Segels Stoffbänder zur Dekoration befestigen.*

KAMPFDRACHEN

SCHWIERIGKEITSGRAD: MITTEL **WIND:** LEICHT

BAUMATERIAL

- Drachenpapier, 40 x 40 cm groß, für das Segel
- andersfarbiges Drachenpapier für das Dekor
- 3-mm-Dübelholz, 55 cm lang
- 3-mm-Dübelholz, 62 cm lang
- Zwirn und Nadel
- Klebestift
- Bastelmesser
- Schere
- Schleifpapier
- Drachenschnur

ALTERNATIVEN

* Statt Drachenpapier könnte auch Geschenkpapier – oder sogar Zeitungspapier – verwendet werden.
* Bei den traditionellen Kampfdrachen wird das Gestell aus Bambussplittstäben gefertigt.

SO STEUERT MAN KAMPFDRACHEN

Kampfdrachen werden gelenkt, indem man die Flugleine anzieht oder lockert. Bei straff gespannter Leine ist der Drachen unter Kontrolle. Läßt man etwas Leine nach, beginnt der Drachen zu taumeln. Sobald seine Spitze in die gewünschte Richtung zeigt, zieht man die Leine an und der Drachen fliegt dorthin. Das muß jeweils sehr schnell geschehen, deshalb hält man die Flugleine, nicht die Haspel, in der Hand und läßt stets ein paar Meter Leine auf dem Boden liegen. Anfänger brauchen etwas Übung, bis sie einen Kampfdrachen sicher lenken.

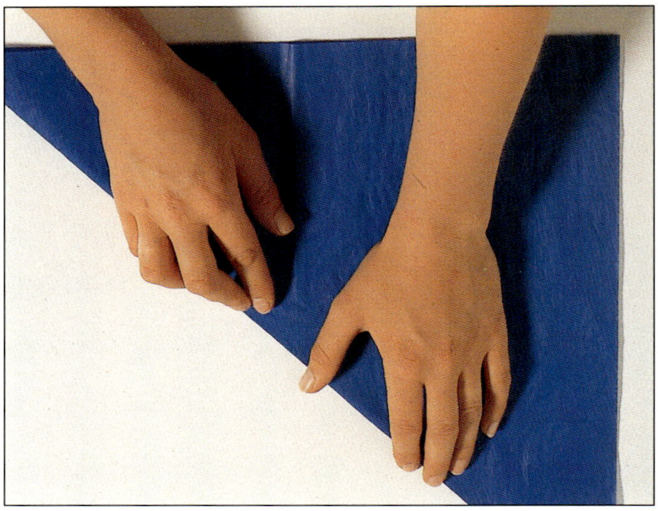

Dieser Drachen ähnelt den traditionellen indischen Kampfdrachen. Er ist sehr leicht, muß gut ausbalanciert werden und fliegt am besten bei leichtem Wind. Da er aus Papier gebaut ist, darf er nur bei trockenem Wetter geflogen werden.

1 *Aus dem Papier ein 40 x 40 cm großes Quadrat schneiden.*

2 *Indem man das Papier diagonal faltet, stellt man fest, ob es symmetrisch geschnitten ist, und markiert zugleich mit der Falte die Position des Mittelstabs.*

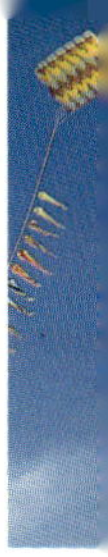

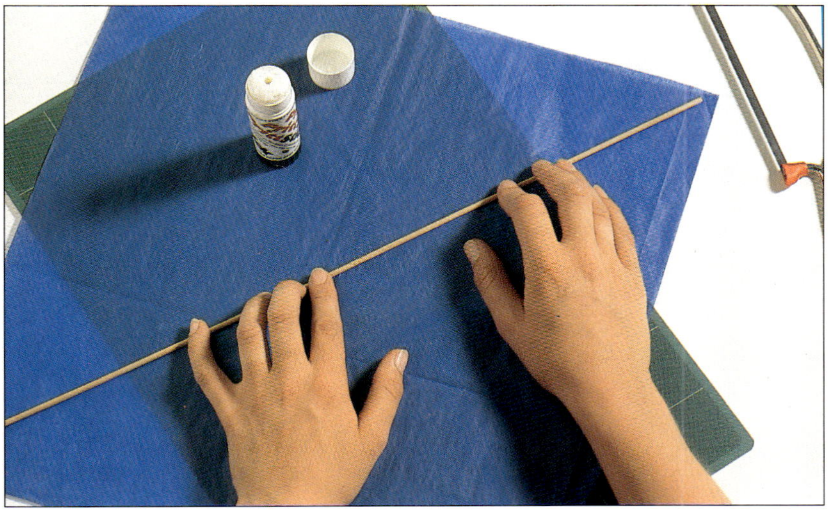

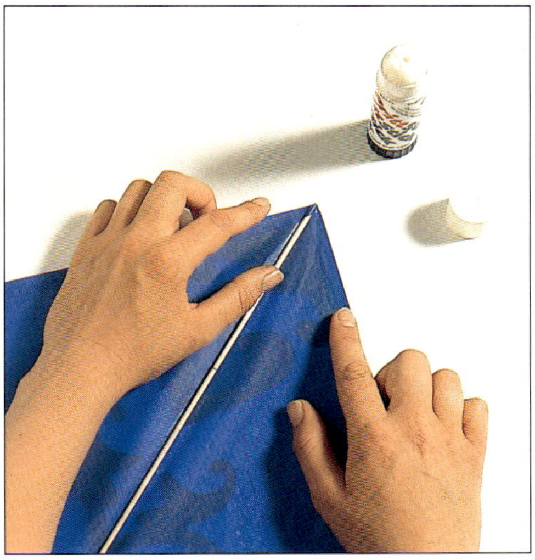

3 *Aus andersfarbigem Drachenpapier geschnittene Ornamente müssen symmetrisch in beiden Papierhälften plaziert werden, damit der Drachen nachher gut ausbalanciert ist.*

4 *Auf der Rückseite des Papiers werden genau auf der Diagonalfalte zwei Punkte, jeweils 13,5 cm von den Ecken entfernt, angezeichnet. Hier zwei kleine Papierstücke als Verstärkung aufkleben.*

5 *Den Längsstab auf 53,5 cm ablängen, die Enden runden und das Dübelholz in ganzer Länge glätten. Den Stab so auf die Faltlinie kleben, daß an den Enden gleichviel Papier übersteht.*

6 *Die überstehenden Papierecken zurückschlagen und sorgfältig über dem Mittelstab und den Kanten festkleben.*

7

8

9

10

7 *Das zweite Dübelholz an beiden Enden gleichmäßig in etwa 15 cm Länge, am besten mit Schleifpapier, auf 2 mm verjüngen. Prüfen, ob beide Stabhälften gleich schwer sind. Dann ein Stabende auf eine Seitenecke kleben – 1 cm von der oberen Kante eingerückt – und mit dem Randstreifen sorgfältig überkleben.*

8 *Den Leim antrocknen lassen, dann die Ecke beschweren und das andere Stabende an der gegenüberliegenden Ecke in gleicher Weise befestigen. Dazu den Stab vorsichtig biegen. Er kreuzt den Längsstab an der vorher verstärkten Stelle.*

9 *Auf alle vier Ecken zusätzliche Verstärkungen kleben. Von der Vorderseite am Kreuzungspunkt der Stäbe Zwirn durch die Bespannung führen, zweimal um Längs- und Querstab winden und wieder nach vorn führen und dort fest verknoten.*

10 *Auf dem Zwirn vom Knotenpunkt aus die Abstände 26 und 56 cm markieren. Den Zwirn dann 13,5 cm vom Schwanzende des Drachens durch das Papier führen, zweimal um den Längsstab winden und auf der Vorderseite sehr fest verknoten, so daß die 56-cm-Markierung am Papier anliegt. Bei der 26-cm-Marke eine Schlaufe knoten und hier die Flugleine anbringen.*

PROJEKT 5

EDDY-KETTE

SCHWIERIGKEITSGRAD: MITTEL **WIND:** MÄSSIG

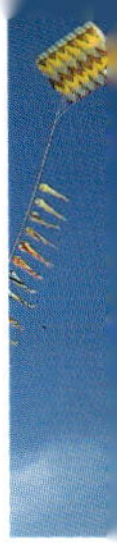

BAUMATERIAL

Packpapier (am besten Natronkraftpapier), 75 x 75 cm groß je Drachen

je zwei Dübelhölzer, 71 cm lang und 6 mm stark

Klebefilm

Klebstoff

Schere

Bügelsäge (oder Gartenschere)

Farben und Schwamm für die Dekoration

Kreppapier für Schwänze

Tauchgefäß für Dübelhölzer (Badewanne)

Flugleine, 40 kg

ALTERNATIVEN

* Statt Packpapier kann anderes festes Papier oder Tyvek verwendet werden.

* Für die Bemalung kann Plaka- oder Acrylfarbe verwendet werden.

VARIANTEN

* In die umgeschlagenen Kanten der Bespannung kann Schnur zur Verstärkung eingeklebt werden.

* Der Waagepunkt ist je nach Windverhältnissen einzustellen.

FLUGTIPS

* Bei kräftigem Wind entwickelt die Kette sehr starken Zug, deshalb unbedingt Handschuhe aus Leder tragen, um die Hände zu schützen.

* Zum Start der Kette benötigt man Hilfe. Wenn man die Drachen einzeln aufsteigen läßt, beginnt man mit dem letzten Drachen, die anderen ziehen dann nach und nach mit.

Das Foto auf Seite 37 zeigt eine Kette mit vier Eddy-Drachen. Natürlich können viel mehr Drachen aneinandergereiht werden – viele Eddys fliegen nicht anders als einer. Für eine längere Kette braucht man natürlich auch eine stärkere Flugleine und Verstärkungen an den kritischen Stellen der Drachen.

1 *Für jeden Drachen zwei Dübelhölzer, 6 mm stark, auf 71 cm ablängen. Auf einem Stab in 13,5 cm Abstand zum einen Ende den Kreuzungspunkt beider Gestellstäbe anzeichnen.*

2 *In das andere Ende des Stabs einen Schlitz sägen. Auf den als Querstäbe vorgesehenen Dübelhölzern die Mitte anzeichnen und ebenfalls in beide Enden Schlitze sägen.*

3 *Die Querstäbe über Nacht in Wasser legen (am besten in die Badewanne). Inzwischen Spannschnüre vorbereiten, indem man in eine etwa 80 cm lange Schnur zwei Knoten mit 66 cm Abstand macht.*

4 *Die aus dem Wasser genommenen Querstäbe mit Hilfe der in die Schlitze gesteckten Schnüre vorsichtig zu Bogen spannen und trocknen lassen. Die Bogenhöhe beträgt etwa 9 cm.*

5 *Wenn das Holz trocken ist, werden die Quer- und Längsstäbe an den angezeichneten Punkten rechtwinklig miteinander verbunden. Die beiden Hölzer werden dazu mit einem Zwirn mehrmals sehr straff umwickelt, der Zwirn dann fest verknotet und durch Leim zusätzlich gesichert.*

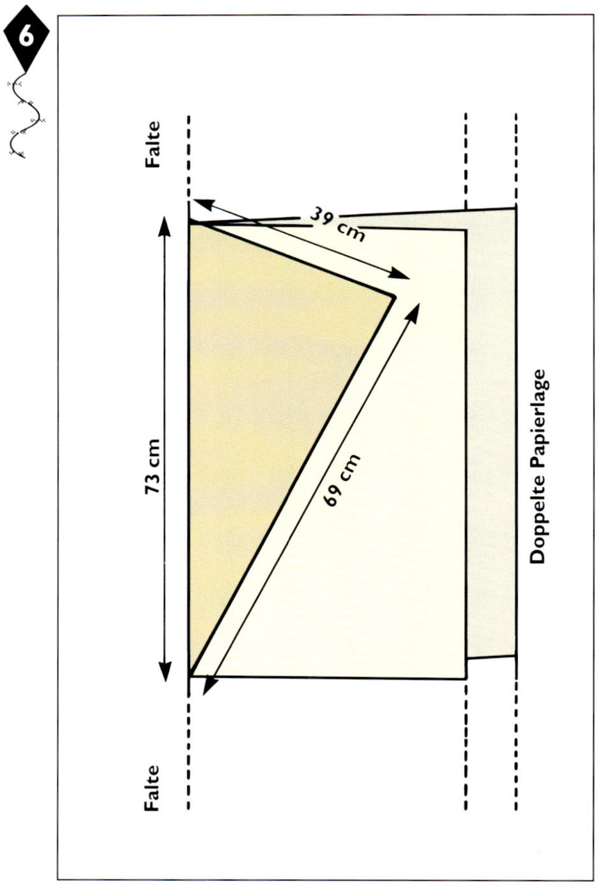

6 *Für den Zuschnitt des Segels das vorgesehene Papier in der Mitte falten. Auf eine Hälfte die angezeichneten Maße auftragen, dann beide Lagen ausschneiden.*

7 *Das Papier bleibt nach dem Ausschneiden noch gefaltet. 14 cm vom Kopfende des Segels ein Dreieck ausschneiden.*

8 *Nach dem Auffalten das Papier dekorieren, zum Beispiel indem man einen eingefärbten Schwamm in regelmäßigen Abständen auf das Papier tupft.*

9 *An allen Kanten einen 1 cm breiten Streifen auf die Rückseite falten und mit Klebstoff oder Klebefilm fixieren. Vor dem Festkleben Verdoppelungen in den Ecken abschneiden.*

10 *Auf die Rückseite des Segels dann die Gestellstäbe auflegen und mit Klebefilm befestigen. Der Längsstab liegt bündig mit dem Kopfende des Segels, die anderen drei Stabenden stehen etwas über. In den Ecken die Stäbe besonders gut fixieren.*

11 *Sind alle Drachen fertig, werden sie an einer Leine zur Kette zusammengefügt. Die Abstände zwischen den Eddys betragen 1,8 m; die Leine wird jeweils zweimal um die Stabkreuze geschlungen und fest verknotet.*

12

13

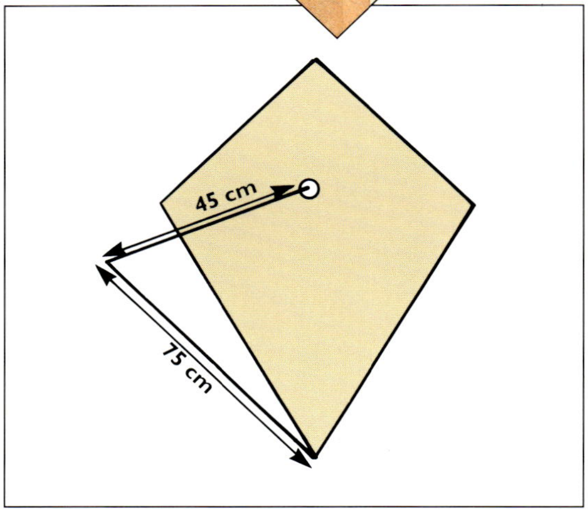

14

12 *Die Drachen mit einer zweiten Leine im gleichen Abstand verbinden, die in die Schlitze am Schwanzende eingelegt wird. Die Leine zweimal um die Gestellstäbe wickeln, verknoten und mit Leim sichern.*

13 *Vor dem ersten Drachen der Kette die Waage mit den in der Zeichnung angegebenen Schenkellängen befestigen.*

14 *Aus Kreppapier für jeden Drachen einen 90 cm langen und 5 cm breiten Streifen schneiden und am Schwanzende auf der Rückseite des Segels sicher festkleben.*

PROJEKT 6

DELTAVOGEL

SCHWIERIGKEITSGRAD: MITTEL **WIND:** LEICHT BIS MÄSSIG

BAUMATERIAL

Schwarzes Spinnakertuch, 1 m breit, 1 m lang

Reste von andersfarbigem Spinnakertuch für die Applikationen

20 cm PVC-Schlauch, 6 mm Innendurchmesser

6-mm-Dübelholz: 2 Stücke mit 66 cm Länge als Flügelstäbe, einen 57,5 cm langen Mittelstab, eine 70 cm lange Spreize

Lineal

Schere, Bastelmesser

Schleifpapier

Nähgarn

starken Zwirn

Flugleine, 10 kg belastbar

ALTERNATIVEN

*** Der Drachen kann auch aus Tyvek gebaut werden.**

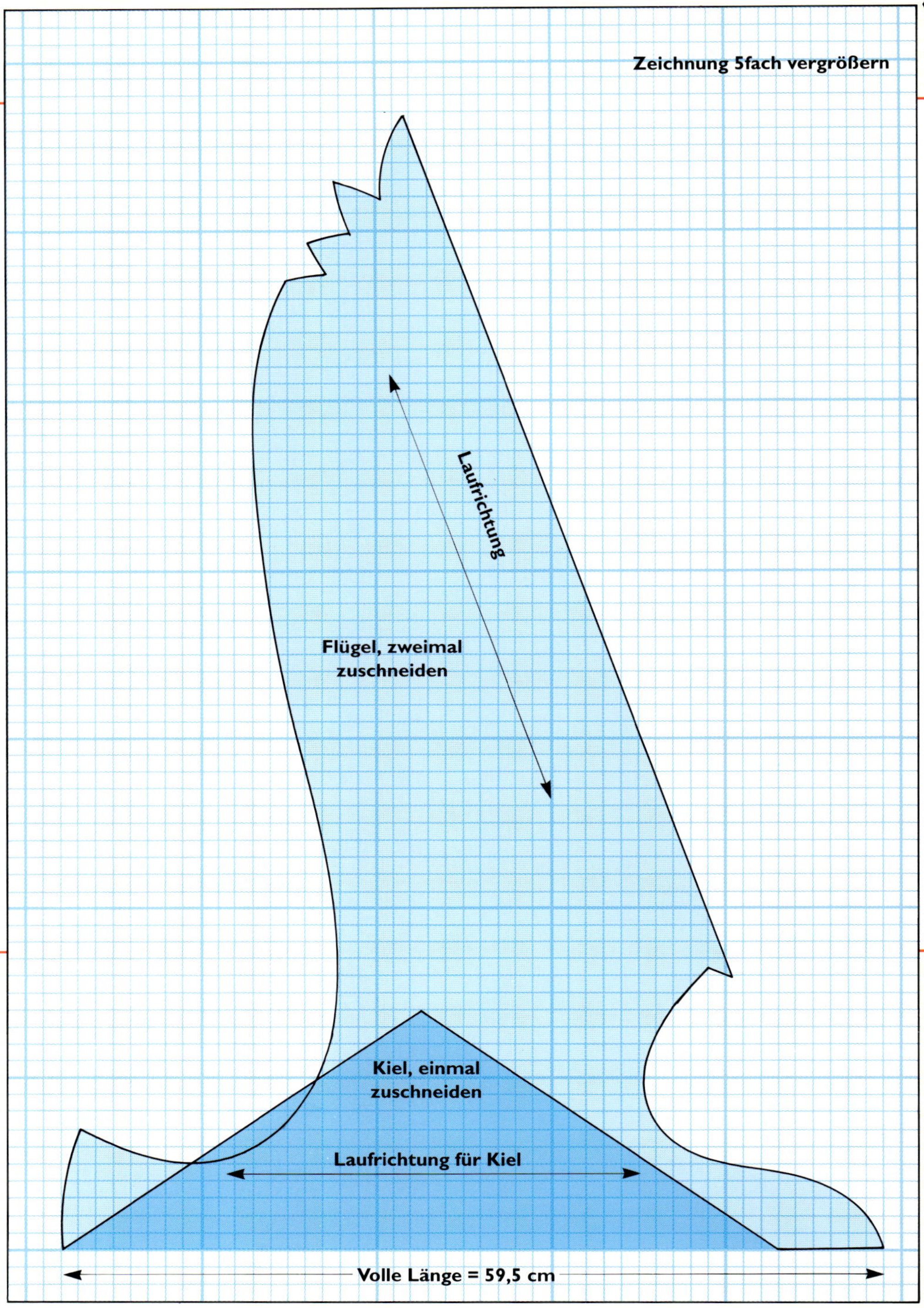

Dieser einem Vogel sehr ähnliche Drachen segelt wie ein Vogel, wobei auch die Flügel leicht auf- und abflattern. An der Flugleine ist wenig Zug, sie kann darum sehr leicht sein (10 kg).

I *Die Umrisse für Flügel und Kiel auf Karopapier in der richtigen Größe nachzeichnen und ausschneiden (s. Seite 19).*

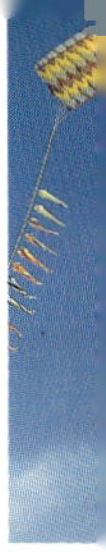

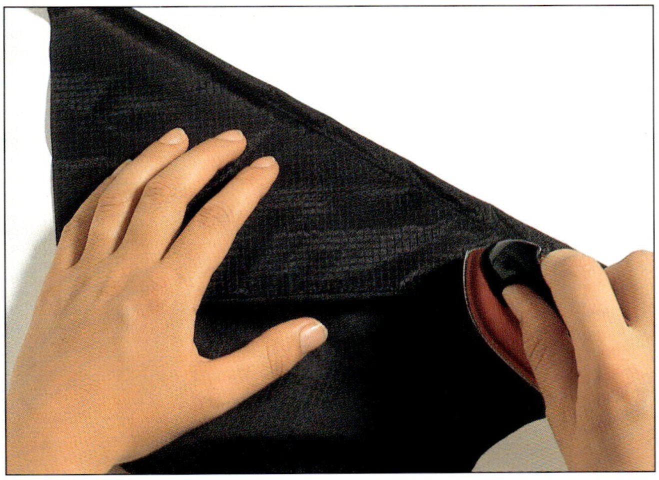

2 Die Schablone für den Flügelzuschnitt jeweils nahe den Webkanten auf den Stoff legen und beide Flügelteile zuschneiden. Darauf achten, daß die Schablone zur Webrichtung richtig angeordnet ist (s. Zeichnung). Aus dem übrigbleibenden Teil den Kiel ausschneiden.

3 Die zwei kurzen Kanten des Kiels jeweils 1 cm breit umschlagen und mit 3 Stichen pro cm säumen. Aus dem Stoffrest ein 6 x 4 cm großes Stück schneiden, auf ein Drittel der Breite falten und absteppen. Dann auf halbe Länge gefaltet als Schlaufe an die Kielspitze nähen.

4 Die beiden Flügelteile bündig aufeinander legen, den Kiel dazwischen plazieren (wie in der Zeichnung zu sehen) und die drei Teile 6 mm neben der Mittellinie zusammennähen. Dann die Flügel zurückschlagen und die Naht mit einem kalten Bügeleisen flach pressen.

5 2 cm neben der ersten Naht die Flügel (ohne den Kiel!) mit einer zweiten Naht zu einer Tasche für den Mittelstab zusammennähen, den Mittelstab einschieben und dann die beiden Enden zunähen. Die Dekorationsteile zuschneiden, mit Klebestift anheften und dann aufnähen.

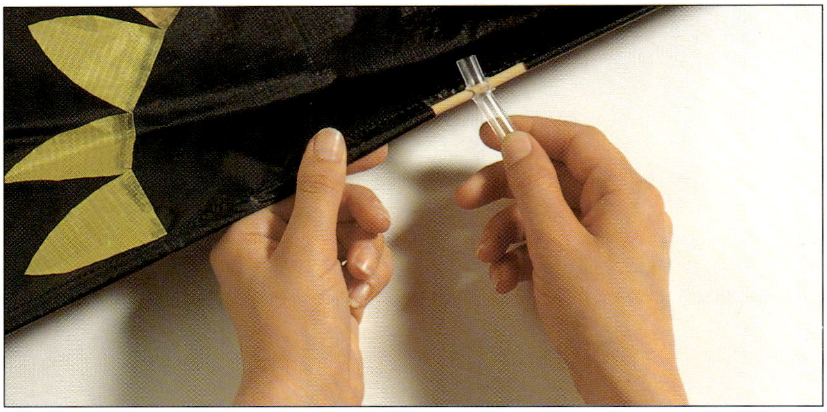

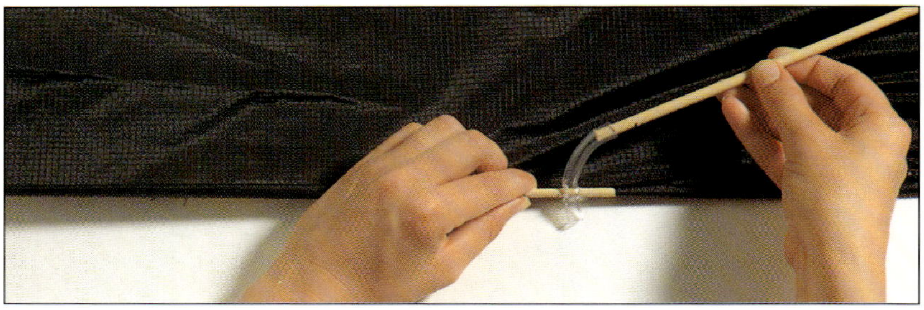

6 *Die Flügelkanten 15 mm breit umschlagen und säumen. In die so entstandenen Taschen für die Stäbe symmetrisch 5 cm lange Ausschnitte einschneiden, beginnend bei 20 cm hinter den Flügelspitzen. Dabei die Nähte nicht anschneiden.*

7 *Aus dem PVC-Schlauch zwei je 6 cm lange Stücke schneiden, jeweils einen 2,5 cm langen Abschnitt umknicken und an den Falten seitlich kleine Dreiecke abschneiden.*

8 *Die Flügelstäbe in die Taschen einschieben, beim Durchgang durch die Öffnungen in den Taschen die PVC-Schlauchstücke auf die Stäbe schieben. Dann die beiden Enden der Flügeltaschen zunähen.*

9 *In die längeren Abschnitte der Schlauchverbinder die 77 cm lange Spreize einstecken und symmetrisch sowie rechtwinklig zur Drachen-Längsachse ausrichten. In die Schlaufe an der Kielspitze die Flugleine einhängen.*

PROJEKT 7

SCHLANGENDRACHEN

SCHWIERIGKEITSGRAD: MITTEL **WIND:** LEICHT BIS MÄSSIG

BAUMATERIAL

Dünnes, aber festes Zeichenpapier, Größe DIN A 2 (= 420 x 594 mm)

zwei Rollen Kreppapier in unterschiedlichen Farben für den Schwanz

farbiges Papier für die Applikationen

1,5 m Peddigrohr, 6 mm stark

6-mm-Dübelholz, 51 cm lang

Bleistift

Schere

Bügelsäge

Klebestift und Klebefilm

Filzstifte

starken Zwirn

Flugleine, 10 kg belastbar

ALTERNATIVEN

* Für die Bespannung kann auch Tyvek verwendet werden.
* Statt des Peddigrohrs kann auch ein Bambussplittstab eingesetzt werden.
* Anstelle der Applikationen kann auch Bemalung angebracht werden.

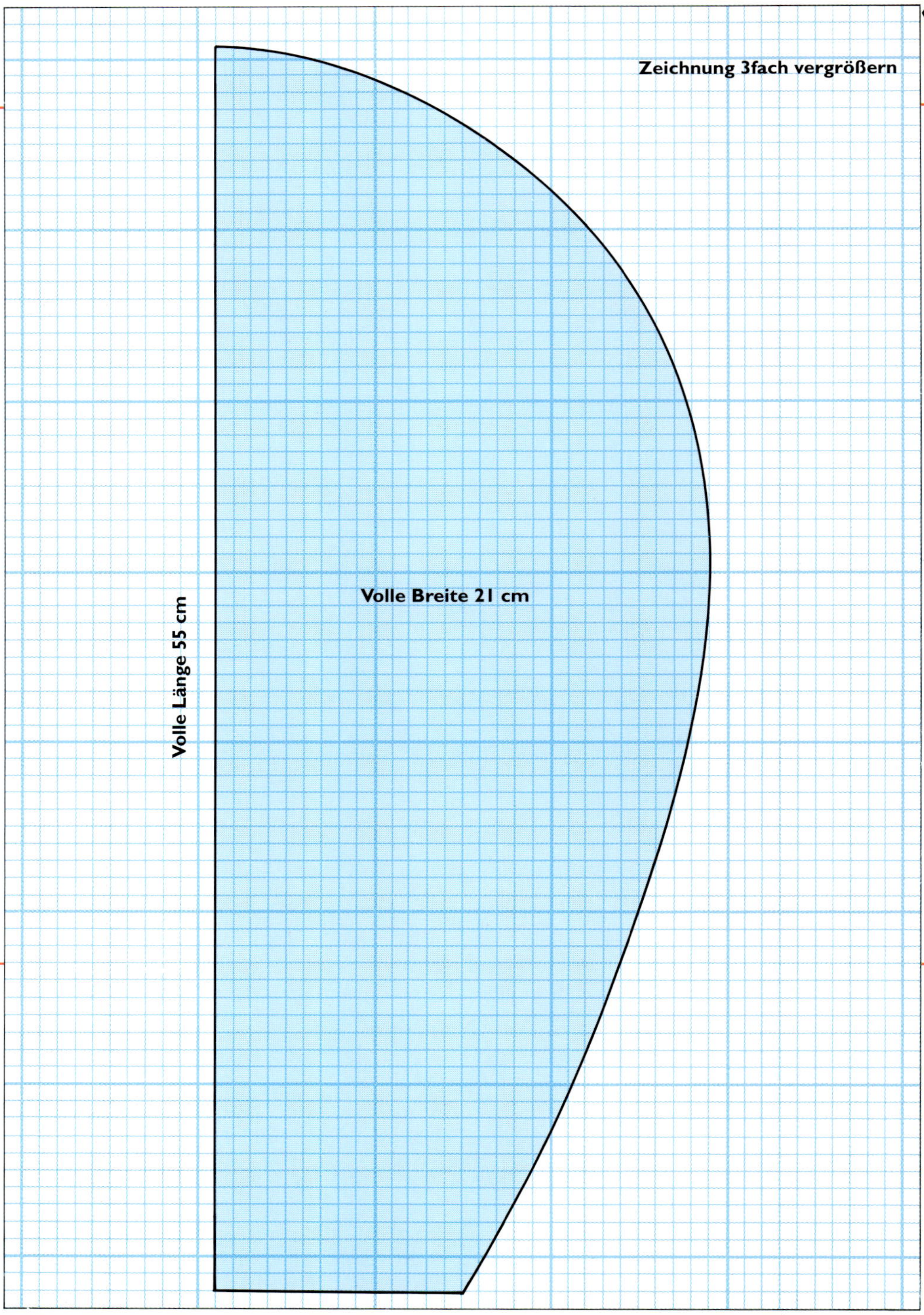

Ein Schlangendrachen ist immer ein aufregendes Flugobjekt, vor allem für Kinder. Fliegt man ihn in etwas stärkerem Wind, sollte man den Schwanz länger machen, um das Flugverhalten des Drachen zu verbessern.

1 *Den Umriß auf 300 % vergrößern, auf Pack- oder Zeitungspapier übertragen und ausschneiden.*

2 *Das für den Drachen vorgesehene Papier der Länge nach mittig falten, die Schablone mit der geraden Kante am Bruch anlegen und den Umriß nachzeichnen. Dann die Bespannung entlang der Umrißlinie ausschneiden.*

3 *Auf der Rückseite die beiden Befestigungspunkte für die Waage anzeichnen und mit Klebefilm oder aufgeklebten Papierstücken verstärken. Sie sind 11,5 cm vom Kopfende und 6 cm vom Schwanzende entfernt.*

4 *Die Vorderseite der Bespannung mit Applikationen verzieren, die wegen der Balance auf beiden Drachenseiten gleich groß und symmetrisch plaziert sein müssen. Deshalb am besten alle Teile aus doppelt liegendem Papier ausschneiden.*

5 *Vom Peddigrohr ein 1,25 m langes Stück abschneiden, die Enden leicht runden, dann die Mitte markieren. Das kürzere Stück benötigt man später.*

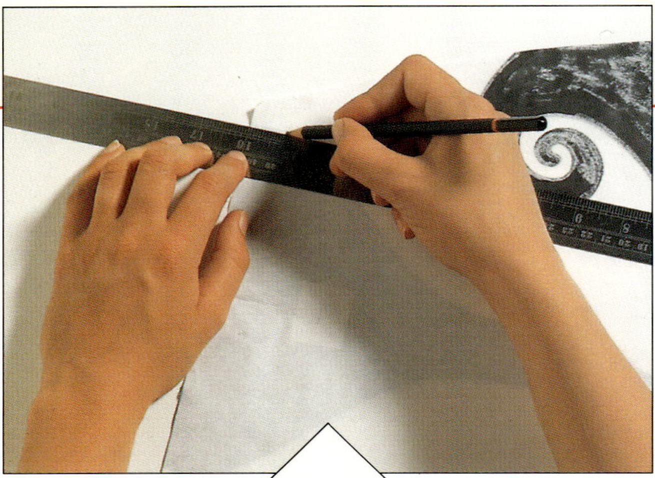

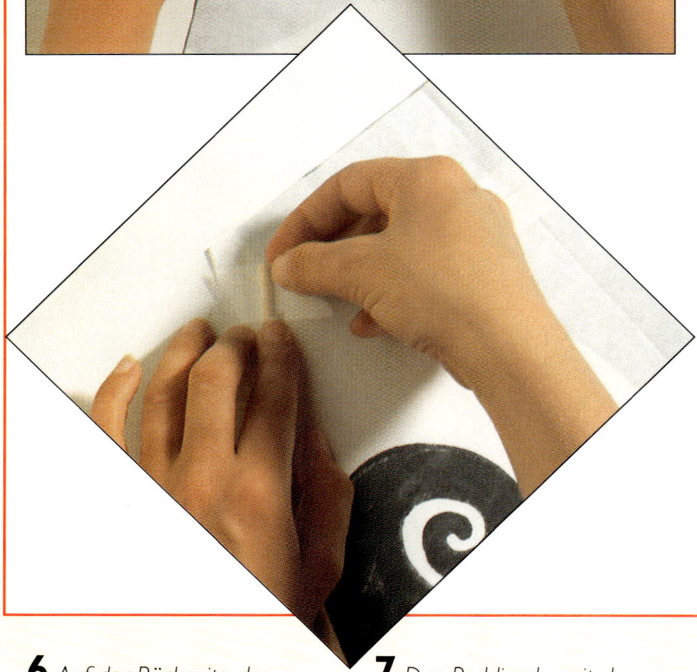

6 *Auf der Rückseite des Segels drei Punkte anzeichnen. Den ersten auf der Mittellinie 2 cm unter der Spitze, die beiden anderen in den unteren Ecken, jeweils 2 cm von beiden Kanten eingerückt.*

7 *Das Peddigrohr mit der Mittenmarkierung auf die obere Markierung des Segels legen und mit Klebefilm befestigen.*

8 *Die beiden Enden des Peddigrohrs auf den beiden anderen Markierungen befestigen, dazu das Peddigrohr etwas biegen. Anschließend den Rest des Rohrs ebenfalls mit Klebefilm sichern.*

9 *Das Reststück Peddigrohr so ablängen, daß es zwischen die beiden Enden des eben befestigten Peddigrohrs auf dem Papier paßt und nun mit Klebefilm angebracht werden kann.*

10

11

12

13

10 *Das Dübelholz so ablängen, daß es auf der Mittellinie des Papiers zwischen dem Peddigrohrbogen und dem kurzen Peddigrohr am Schwanzende eingepaßt und mit Klebefilm befestigt werden kann.*

11 *Alle Verbindungsstellen zwischen den Gestellteilen noch einmal mit Klebefilm sichern.*

12 *Den Rand des Papiers gleichmäßig über das Peddigrohr schlagen und sorgfältig festkleben.*

13 *Für den Schwanz das Kreppapier auf die Breite des Schwanzendes am Drachenkopf schneiden und zu einem etwa 6 m langen Streifen zusammenkleben. Mit Filzstiften und andersfarbigem Kreppapier dekorieren und dann mit Klebefilm an den Drachenkopf anfügen.*

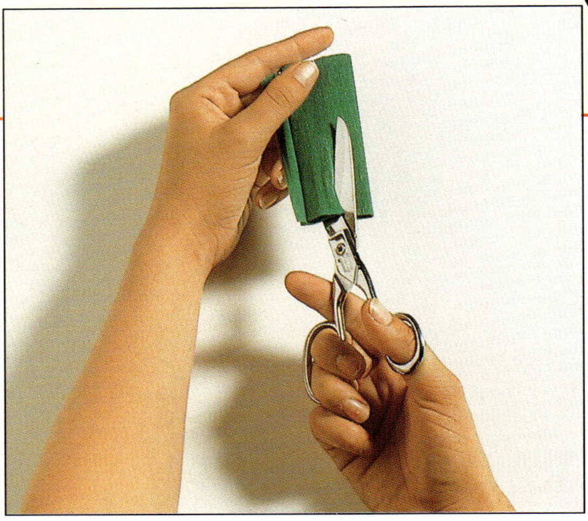

14 *Symmetrisch angeklebte Papierteile können zusätzliche Schmuckelemente an den Seitenkanten des Schwanzes sein.*

15 *Für eine Quaste am Schwanzende ein längeres Stück Kreppapier von 10 cm Breite zusammenrollen oder -falten und von einer Seite her bis auf einen Rest von 2 cm einschneiden.*

16 *Bevor dieser Quast befestigt wird, am Schwanzende noch ein längeres Stück Kreppapier in der zweiten Farbe ansetzen – und an dessen konisch geschnittenem Ende den Quast ankleben.*

17 *Für die Waage einen 2 m langen Zwirn an den beiden in Schritt 3 markierten Punkten um den Längsstab wickeln und fest verknoten. Den Waagepunkt findet man am besten, wenn man die Waageschnur über einen Finger legt und den Drachen mit erhobener Hand in den Wind hält. An dem Punkt einen Ring anbringen, daran die Flugleine einhängen.*

PROJEKT 8

DIAMANT-LENKDRACHEN

SCHWIERIGKEITSGRAD: MITTEL **WIND:** KRÄFTIG

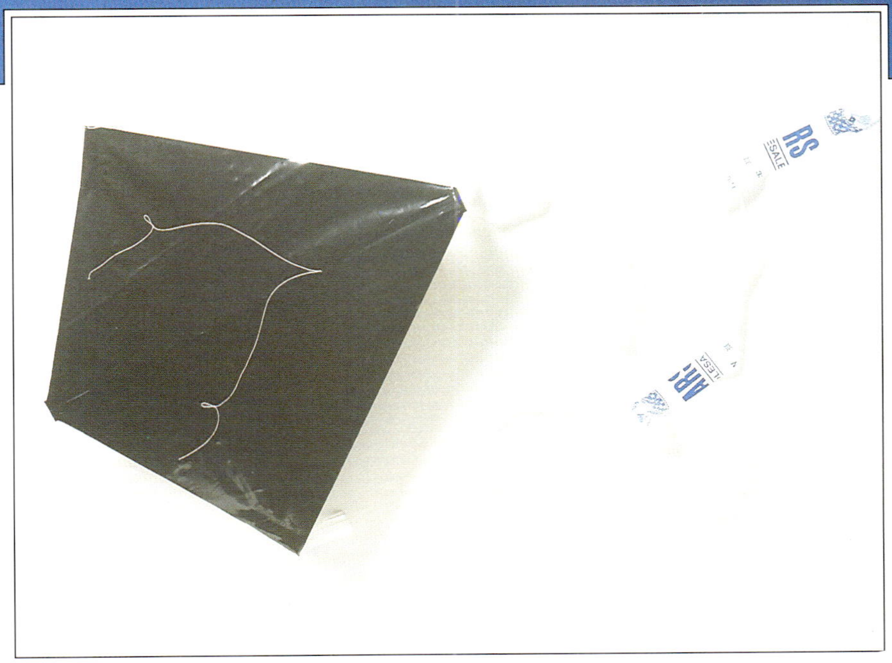

Mit diesem Drachen lassen sich schöne Flugmanöver ausführen, wenn man erst einmal mit der Technik vertraut ist. Die Leinen müssen gleich lang sein. Sind sie gleich gespannt, steigt der Drachen, wird Zug an jeweils einer Leine ausgeübt, läßt sich der Drachen nach der betreffenden Seite schwenken. Mit einiger Übung kann man viele unterschiedliche Figuren fliegen.

BAUMATERIAL

Plastikfolie oder Müllsack

dünnerer Plastikbeutel für den Schwanz

3-mm-GfK-Stab, 89 cm lang

4-mm-GfK-Stab, 82 cm lang

10 cm PVC-Schlauch, 4 mm Innendurchmesser

Lineal und Filzstift

Bastelmesser

Bügelsäge

Schleifpapier

Plastikkleber

2 m starken Zwirn für die Waage

2 Flugleinen mit Griffen, 10 kg belastbar

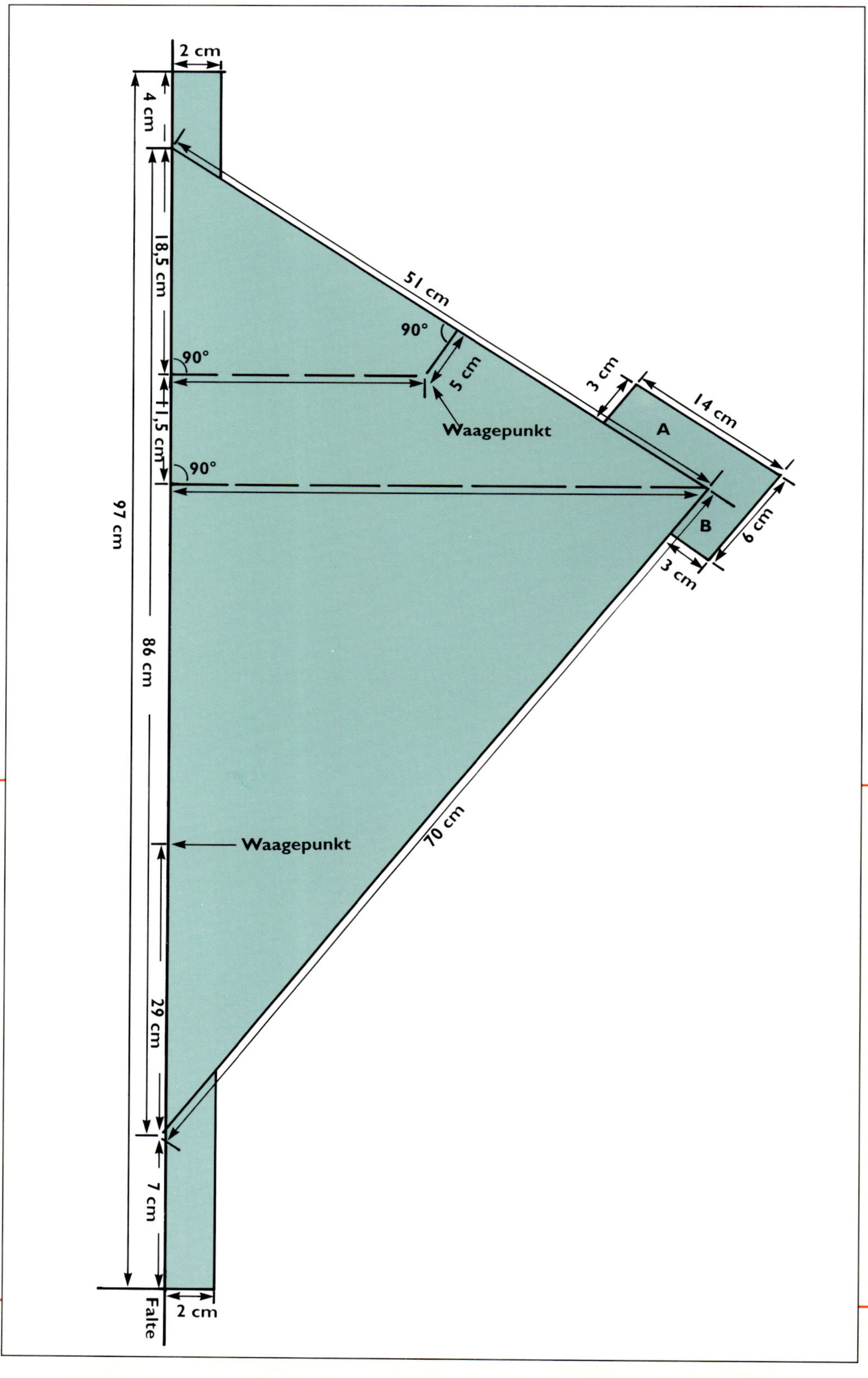

ALTERNATIVEN

* **Das Segel kann auch aus Spinnakertuch oder Tyvek gefertigt werden.**

VARIANTEN

* **Ohne Schwanz reagiert der Drachen noch sensibler.**
* **Statt eines Schwanzstreifens kann auch ein Schwanzschlauch (Drachenladen) angehängt werden.**
* **Je leichter der Drachen gebaut ist, desto weniger Windstärke braucht er.**

2

3

4

1 *Die Folie der Länge nach falten und mit einem geeigneten Filzstift die Maße aus der Zeichnung auf das Material übertragen. Die linke senkrechte Linie ist die Faltkante der Folie.*

2 *Mit einem scharfen Bastelmesser entlang einem Lineal die Umrisse aus der noch immer doppelt liegenden Folie ausschneiden.*

3 *Die Folie auffalten, die Befestigungspunkte für die Waage anzeichnen, durch aufgeklebte Folienstücke verstärken und dann mit einer heißen Nadel Löcher in die Bespannung stechen.*

4 *Die Taschen für den Querstab wie folgt anfertigen: Erst Teil A umschlagen und an der Längskante mit Plastikkleber festkleben, dann Teil B darüberfalten und mit Kleber befestigen.*

5

6

7

8

5 *Vom Plastikschlauch zwei je 4 cm lange Stücke abschneiden. Ein Stück in den Schwanzstreifen des Segels straff einrollen und mit Kleber bzw. Klebefilm fixieren.*

6 *Aus dem eingerollten Schlauch durch die Folie hindurch genau auf der Mittellinie des Segels ein rautenförmiges Stück ausschneiden. Hier wird der Mittelstab eingepaßt. Er muß stramm sitzen, deshalb das Loch eher zu klein als zu groß schneiden.*

7 *Die so entstandene Halterung für den Mittelstab mit einem Stück Klebefilm zusätzlich sichern. Danach die Schritte 5 bis 7 am Kopfende des Segels mit dem zweiten Schlauchstück wiederholen.*

8 *Den 4-mm-GfK-Stab mit der Säge so ablängen, daß er straff zwischen die beiden Schlauchstücke gesteckt werden kann, aber noch nicht befestigen. Beim Sägen Atemschutz tragen!*

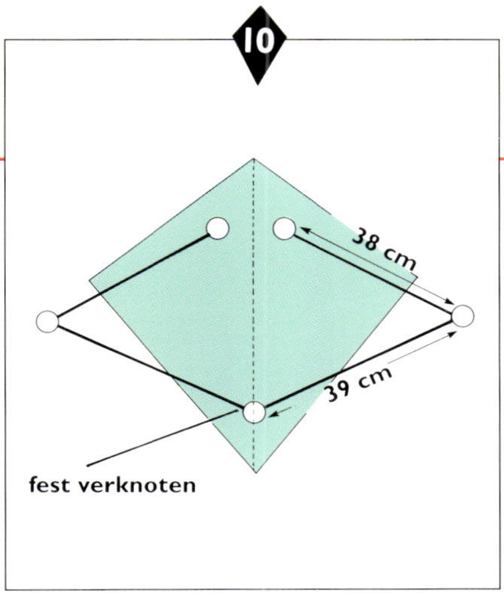

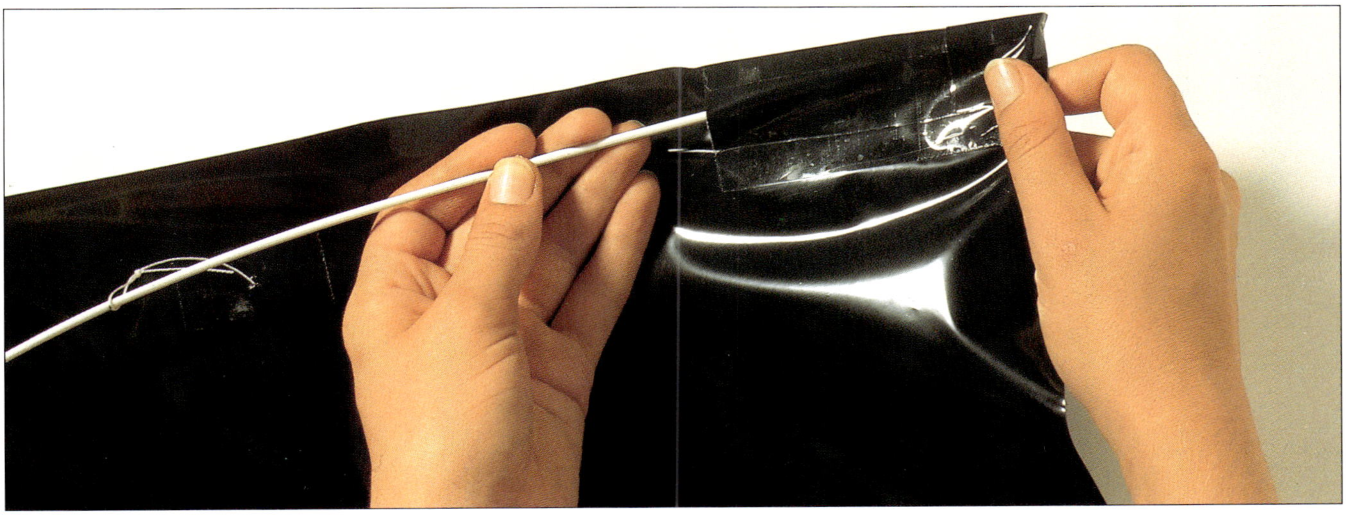

9 *Den 3-mm-GfK-Stab auf etwa 89 cm ablängen, das genaue Maß aber am ausgebreiteten Segel abmessen. Der leicht gebogene Stab muß über den beiden Waagebefestigungspunkten liegen, wenn seine Spitzen in den Taschen an den Flügelecken stecken. Die Stabenden mit einigen Wicklungen Klebefilm »entschärfen«.*

10 *Für die Waagen zwei je 1 m lange Schnüre vorbereiten. In die Mitte der beiden Schnüre Schlaufen knoten, von da die abgebildeten Maße auf den beiden Schnurhälften anzeichnen. Nachprüfen, daß die beiden Schnüre exakt übereinstimmend ausgezeichnet sind.*

11 *Die Waageschnüre durch das Segel führen, zweimal um den Querstab bzw. um den Längsstab wickeln und dann an der Markierung fest verknoten. Rechts und links der Befestigungspunkte mit einigen Windungen Klebefilm die Schnüre gegen Verrutschen sichern.*

12 *Erst den Mittelstab in die Schlauchstücke stecken, darüber dann den Querstab in die seitlichen Taschen stecken.*

13

14

13 *Für den Schwanz eine Plastiktüte in 5 cm breite Streifen schneiden und diese Teile dann zu einem etwa 6 m langen Streifen zusammenkleben. Das eine Ende ein paar Zentimeter breit umkleben, in diese Verstärkung ein Loch stechen und mit diesem Loch den Schwanz am Mittelstab einhängen.*

14 *An den »Ohren« können noch Zierbüschel, die ebenfalls aus einer Plastiktüte geschnitten worden sind, befestigt werden.*

PROJEKT 9

DELTA-LENKDRACHEN

SCHWIERIGKEITSGRAD: HOCH **WIND:** MÄSSIG BIS STARK

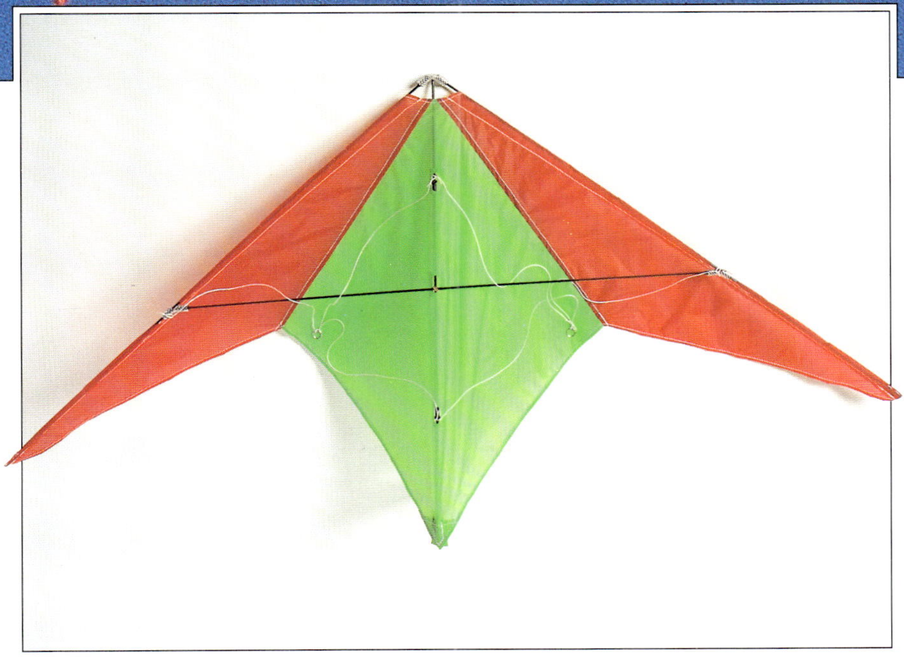

Mit diesem Drachen lassen sich tolle Flugfiguren ausführen. Allerdings setzt das schon einige Übung und, aus Sicherheitsgründen, ein freies Flugfeld voraus. Bei starkem Wind fliegt dieser Stunter recht geräuschvoll. Die Waage muß je nach Wind noch justiert werden.

BAUMATERIAL

- **1,3 m Spinnakertuch (1 m breit) in Rot**
- **0,6 m Spinnakertuch (1 m breit) in Grün**
- **3,5-mm-Kohlefaserstäbe: 2 x 91,5 cm lang, 1 x 73,5 cm lang und 1 x 84 cm lang**
- **15 cm PVC-Schlauch mit Gewebeeinlage, 6 mm Innendurchmesser**
- **zwei Schlüsselringe**
- **zwei Wasserhahn-Dichtungen**
- **doppelseitig klebenden Film**
- **Isolierband**
- **Gummiring (aus Fahrradschlauch)**
- **Schere, Bastelmesser**
- **Bügelsäge**
- **Drachenschnur, 40 kg**

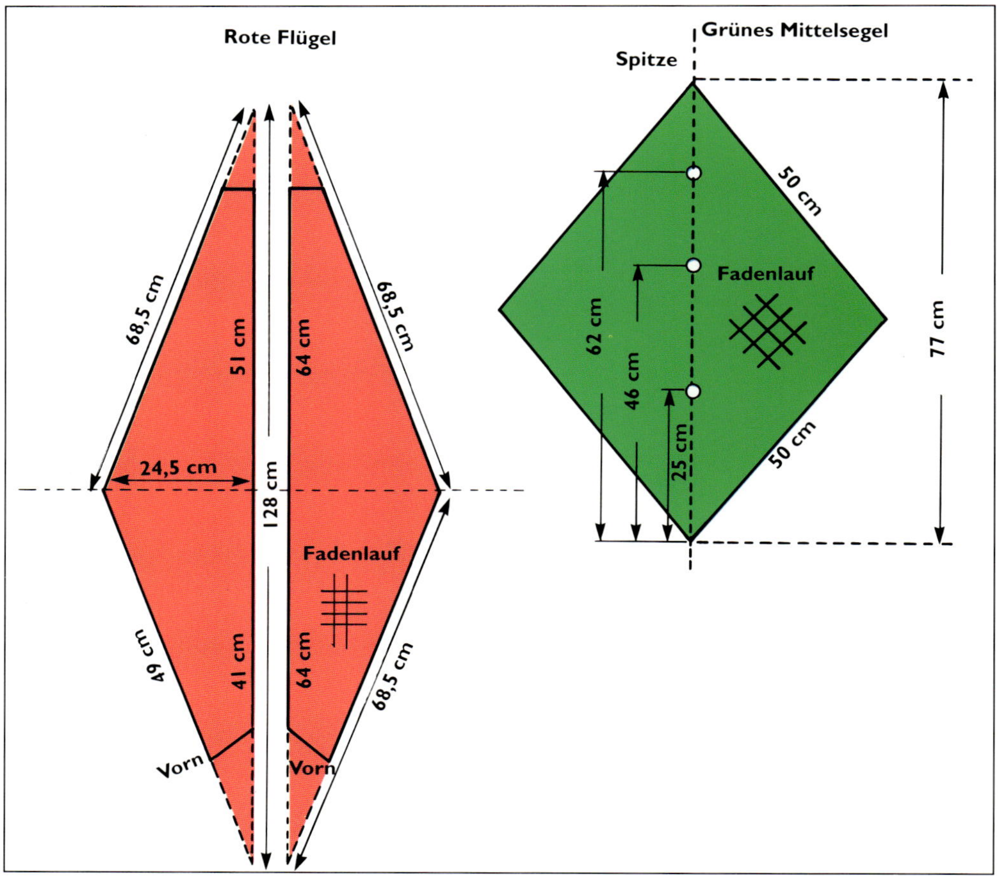

ALTERNATIVEN

* **Anstelle der Kohlefaserstäbe können auch GfK-Stäbe verwendet werden. Dübelhölzer sind wegen der höheren Bruchgefahr weniger geeignet.**

1 *Die insgesamt drei Teile – grünes Mittelteil und zwei rote Flügel – mit den angegebenen Maßen zuschneiden. Darauf achten, daß der Fadenlauf richtig angeordnet ist.*

2 *Das Mittelteil diagonal falten und auf der Mittellinie die Positionen der drei Einschnitte für Waage und Spreize markieren (s. Zeichnung).*

3 *Zur Verstärkung des Segels an den Ausschnitten kleine Stücke Spinnakertuch mit doppelseitig klebendem Film ansetzen und dann festnähen.*

4 *Danach die Löcher in das Spinnakertuch schneiden.*

5

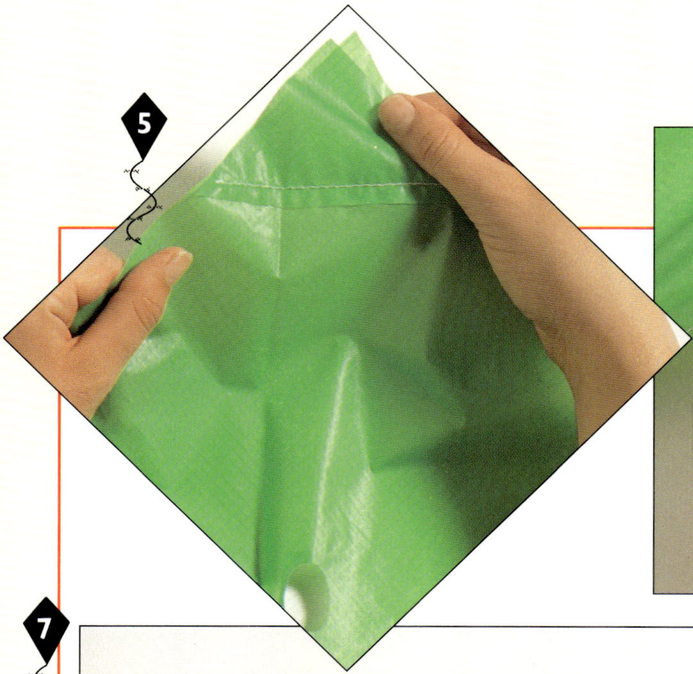

6

7

8

5 *Die untere Ecke des Mittelteils auf der Rückseite des Stoffs (die Seite mit den Lochverstärkungen) mit einem dreieckigen Stück Spinnakertuch verstärken.*

6 *Die beiden Schleppkanten des Mittelteils (d. h. die beiden zum Schwanzende weisenden Kanten) säumen. Dazu 15 mm breite Streifen zweimal zur Rückseite umschlagen und mit 3 Stichen pro cm feststeppen.*

7 *Die beiden roten Flügelteile an die ungesäumten Kanten des Mittelsegels nähen. Die Flügelkanten bündig mit den seitlichen Ecken des Mittelteils ansetzen und dann die Teile mit 15 mm großem Abstand zur Stoffkante aneinandernähen.*

8 *Die Randstreifen einschlagen und auf den roten Flügelteilen, wie abgebildet, feststeppen.*

9

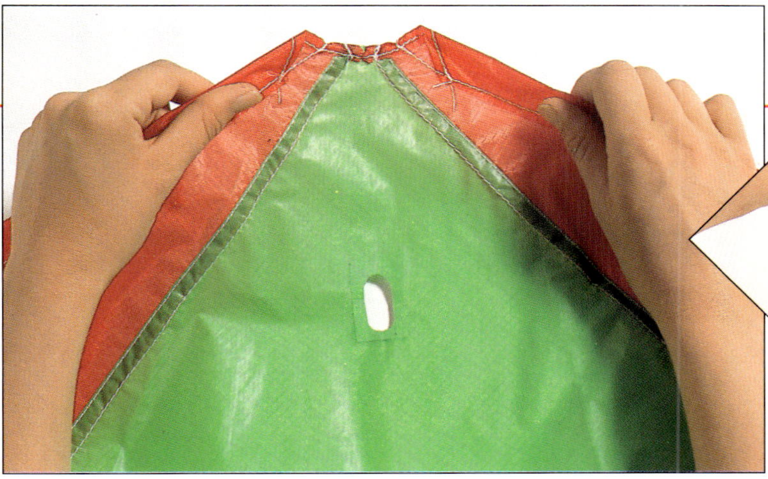

10

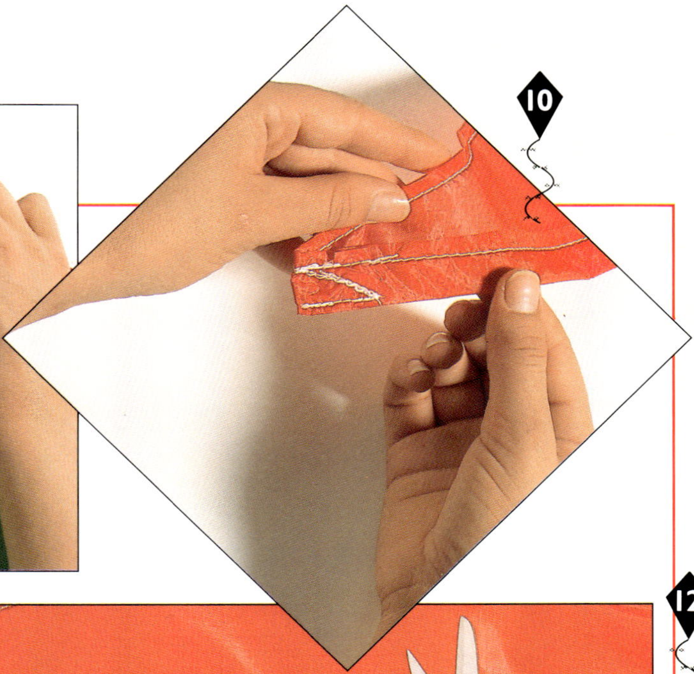

11

12

9 *An der Spitze des Segels einen etwa 10 mm breiten Streifen auf die Rückseite umschlagen und sorgfältig ansteppen. Die Außenkanten der Flügel 2 cm breit umschlagen und als Taschen für die Flügelstäbe nähen.*

10 *Die hinteren Flügelspitzen zunächst 15 mm weit, dann noch einmal 30 mm weit umschlagen und mit parallelen Nähten an den Seiten als Stabtaschen feststeppen.*

11 *Einen 30 x 3 cm großen Streifen Spinnakertuch zweimal falten und das dann nur noch 7,5 cm lange Stück so an das Schwanzende des Mittelteils nähen, daß eine Tasche für den Mittelstab entsteht.*

12 *In die Taschen für die Flügelstäbe 5 cm lange Öffnungen schneiden, deren Mitten jeweils 37 cm von den hinteren Flügelspitzen entfernt sind. Im Bereich dieser Einschnitte eine Steppnaht, parallel zur vorhandenen Naht, nähen.*

13

14

15

16

13 *Vom PVC-Schlauch zwei je 4 cm lange Stücke schneiden und in die Mitte beider Stücke kleine Löcher schneiden. Diese Schlauchstücke werden auf den Flügelstäben steckend die Spreize aufnehmen.*

14 *Ein drittes Schlauchstück auf 5 cm ablängen und ebenfalls in der Mitte mit einem Einschnitt versehen. Dies wird später die Nase des Drachen.*

15 *Zwei Kohlefaserstäbe auf 91,5 cm ablängen (beim Sägen Atemschutz tragen) und an einem Ende mit Isolierband so oft umwickeln, bis die Stäbe stramm in den PVC-Schlauch passen.*

16 *35,5 cm vom nicht umwickelten Ende dieser Stäbe entfernt ebenfalls mehrere Windungen Isolierband anbringen.*

17

18

19

20

17 *Die Flügelstäbe von der Drachenspitze her in die Taschen schieben. In den Taschenöffnungen die Schlauchverbinder auf die Stäbe, wie im Foto gezeigt, schieben und so plazieren, daß die Isolierband-Wicklungen sich genau im Schlauch befinden.*

18 *Einen Kohlefaserstab auf 75,5 cm ablängen und um die Mitte mehrmals einen Gummiring winden. 16,5 cm vom einen und 21,5 cm vom anderen Ende entfernt Isolierband um den Stab wickeln. Die beiden Dichtungen zu Quadraten schneiden und von den Stabenden her bis zu den Bandwickeln schieben.*

19 *Den Stab in die kleine Tasche am Schwanzende stecken, auf das vordere Ende des Stabes den Schlauchverbinder stecken.*

20 *Die Flügelstäbe ebenfalls in den Schlauchverbinder stecken. Sie müssen stramm sitzen; eventuell noch ein, zwei Wicklungen Isolierband anbringen.*

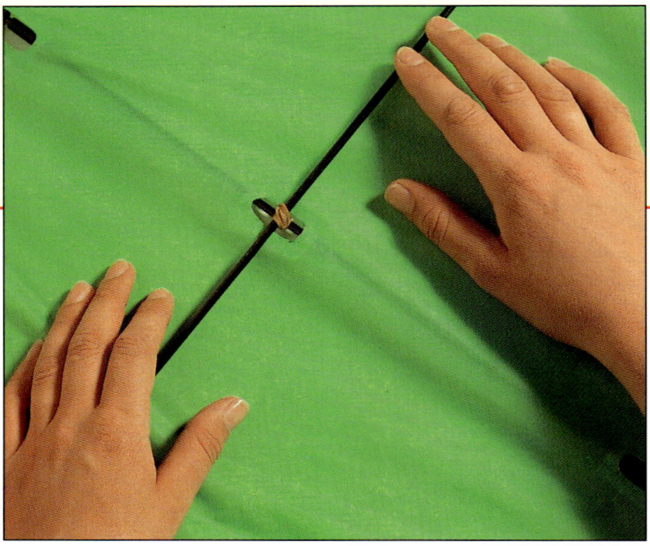

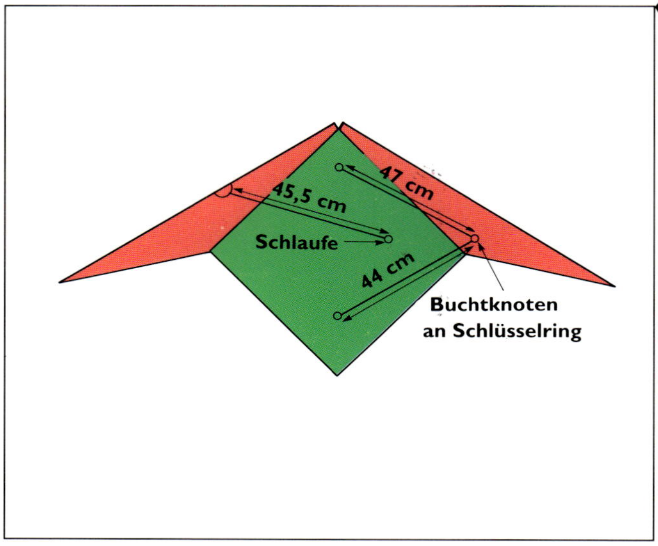

21 *Einen vierten Kohlefaserstab auf 84 cm ablängen und die Mitte des Stabes markieren. Den Stab auf der Vorderseite des Segels durch die Gummiring-Windungen des Mittelstabs stecken – dabei unter dem Mittelstab hindurchführen.*

22 *Diese Spreize an den Enden ebenfalls mit Isolierband so oft umwickeln, daß der Stab stramm in die Verbinder auf den Flügelstäben paßt (s. Abbildung).*

23 *Zwei Waagen mit den in der Zeichnung angegebenen fertigen Längen der jeweils drei Schenkeln vorbereiten (die zweite Waage ist spiegelbildlich gleich anzufertigen). Die zweischenkeligen Waagenteile auf dem Mittelstab, die anderen Waagenschenkel auf den Flügelstäben befestigen (s. Foto Seite 59). Die beiden Waagehälften mit Buchtknoten in Schlüsselringen zusammenführen, an denen die beiden Steuerleinen zu befestigen sind. Die Waage durch Verschieben der Buchtknoten bzw. der Ringe justieren.*

PROJEKT 10

KASTENDRACHEN

SCHWIERIGKEITSGRAD: MITTEL **WIND:** MÄSSIG BIS STARK

1

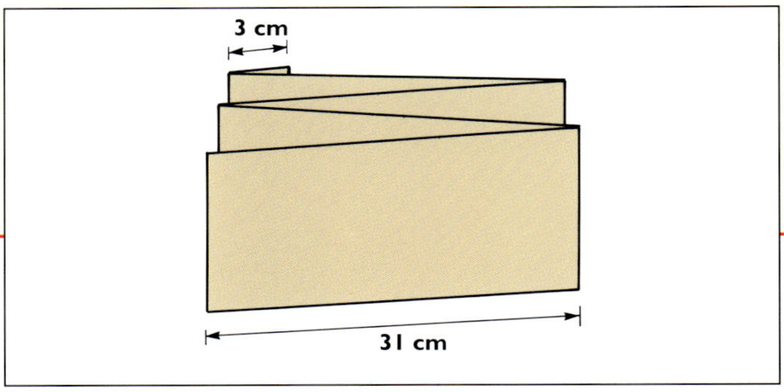

BAUMATERIAL

Zwei Streifen Packpapier (Natronkraftpapier), 127 x 18 cm groß

4 Dübelhölzer, 6 mm stark, 68 cm lang

4 Dübelhölzer, 6 mm stark 42,2 cm lang

etwa 30 cm PVC-Schlauch mit 6 mm Innendurchmesser

Farbstifte

Bügelsäge

Bastelmesser, Schere

Klebefilm

Drachenschnur, bis 15 kg belastbar

ALTERNATIVEN

*** Der Drachen kann auch mit 1 m Länge, dann mit 8 mm starken Dübelhölzern und 25 cm hohen und 45 cm breiten Zellen gebaut werden.**

2

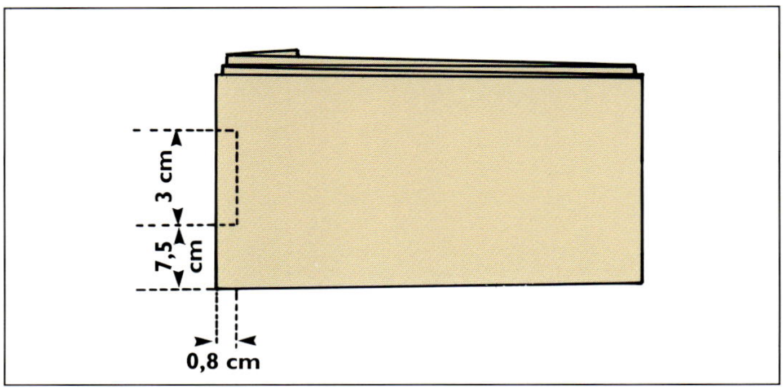

3

Der Drachen ist dank seiner Konstruktionsweise ein in sich sehr steifes Gebilde, und er fliegt auch bei starkem Wind recht zuverlässig. Heute noch einen Drachen mit Packpapier zu bespannen ist sicher ungewöhnlich – wird durch die Bemalung als Luftpost-Objekt aber plausibel. Der Drachen ist so konstruiert, daß er schnell zerlegt und leicht transportiert werden kann.

1 *Aus dem Natronkraftpapier (oder anderem Papier) zwei 127 x 18 cm große Streifen schneiden und falten, wie in der Zeichnung gezeigt.*

2 *An beiden Schmalseiten des gefalteten Papiers die angezeigten Markierungen anbringen. Das Papier auffalten und auf der Rückseite unter die angezeigten Stellen Papierstreifen als Verstärkungen aufkleben.*

3 *Das Papier wieder falten und nun die Aussparungen durch alle Papierlagen ausschneiden.*

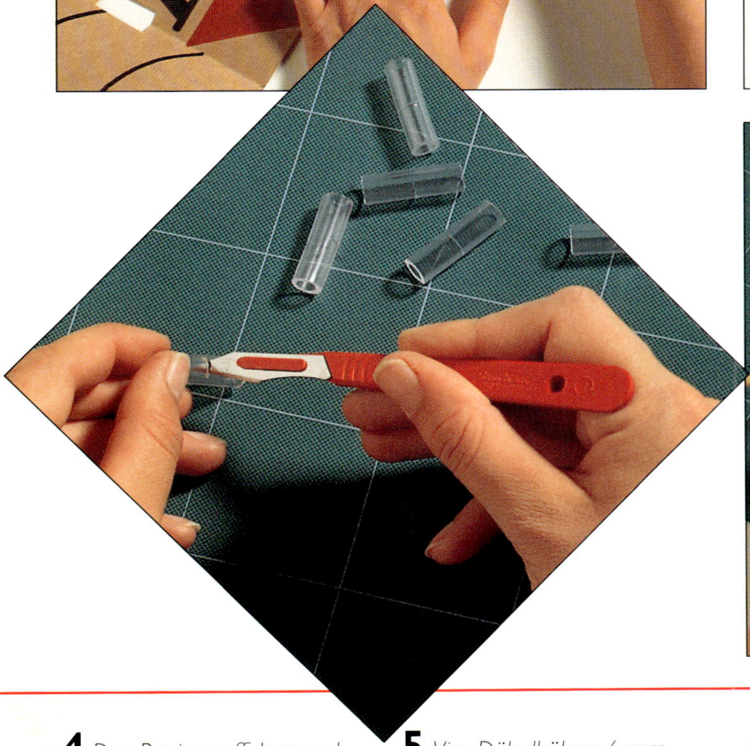

4 Das Papier auffalten und mit Farbstiften bemalen. Zum Beispiel, wie hier zu sehen, mit der Kennzeichnung für eine Luftpost-Sendung und mit der Abstempelung.

5 Vier Dübelhölzer, 6 mm stark, auf 68 cm ablängen, die Enden mit Schleifpapier glätten und runden. Auf jedem Holz zwei Markierungen, jeweils 11 cm von den Enden entfernt, anbringen.

6 Aus dem PVC-Schlauch acht je 3 cm lange Stücke schneiden und in der Mitte Schlitze bis etwa auf halbe Schlauchdicke einschneiden.

7 Die Schlauchverbindungen von beiden Seiten auf die Dübelhölzer bis zu den Markierungen so schieben, daß die Hölzer zu den Schlitzen wieder aus den Schlauchstücken austreten und die abstehenden Schlauchhälften jeweils zu den Stabenden weisen.

8

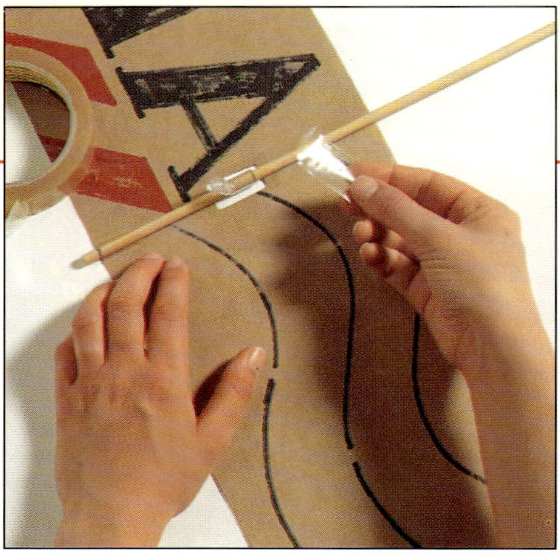

9

10

11

8 Die Rundstäbe so auf die Innenseite der Bespannung legen, daß die abstehenden Schlauchstücke nach oben weisen und die Papierkanten jeweils 1 cm von den Stabenden eingerückt sind. Die Stäbe mit der Bespannung verkleben und mit Klebefilmstreifen für zusätzlichen Halt sorgen.

9 Nach dem Fixieren der Stäbe die beiden Papierstreifen an den Schmalseiten zusammenkleben und so die Zellen schließen.

10 Aus 6 mm starken Dübelhölzern vier 42,2 cm lange Stücke ablängen, die Enden runden und glätten. Diese Querstäbe dann vorsichtig, damit die Bespannung nicht beschädigt wird, in die Schlauchverbindungen stecken. Die Stäbe müssen stramm sitzen und müssen korrigiert werden, wenn sie etwas zu lang sind.

11 Der Kastendrachen bekommt eine einschenkelige Waage bzw. die Flugleine ist direkt am Drachen, 14,5 cm von der Spitze eines Längsstabs entfernt, zu befestigen. Dazu vorsichtig rechts und links vom Stab die Bespannung durchstechen, die Flugleine durch das Papier und um den Stab führen und auf der Vorderseite fest verknoten.

PROJEKT 11

STERNDRACHEN

SCHWIERIGKEITSGRAD: FORTGESCHRITTEN **WIND:** MÄSSIG BIS STARK

Dieser Drachen wirkt am Himmel sehr attraktiv und entwickelt bemerkenswert viel Zug an der Leine. Deshalb unbedingt Handschuhe tragen und eine stärkere Drachenleine einsetzen.

BAUMATERIAL

Papier für Zuschnittschablonen

1 m breites Spinnakertuch in vier Farben:

1,25 m in Weiß, 1 m in Türkis, 1 m in Violett und 0,75 m in Grün

7 Schlüsselringe

3 Dübelhölzer, 8 mm stark und 1 m lang

10 m weißes Nahtband, 15 mm breit

starken Zwirn

Schere

Bügelsäge

Klebestift

Drachenleine, 40 kg

ALTERNATIVEN

*** Der Drachen kann auch einfach als Sechseck, statt als Stern, geformt werden; die Waage bleibt gleich.**

*** Wer die Anfertigung vereinfachen will, kann nur den Stern im Zentrum in einer zweiten Farbe einsetzen oder den ganzen Drachen nur in einer Farbe nähen.**

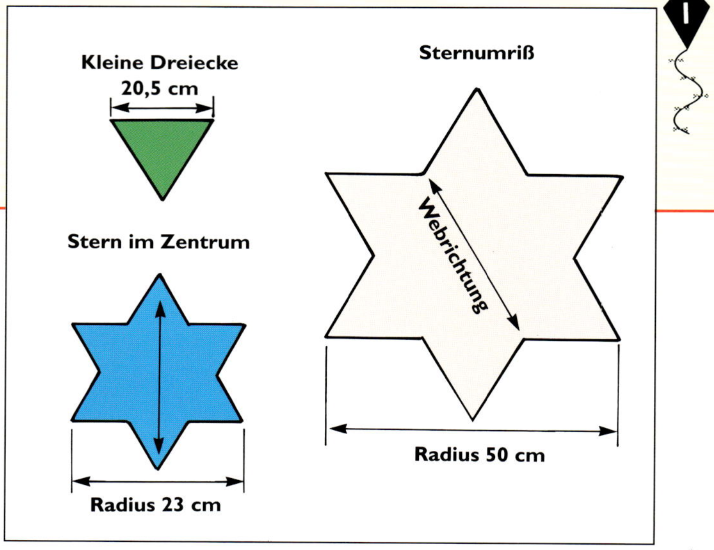

1 *Die Umrisse der einzelnen Segelteile auf Papier zeichnen und ausschneiden. Dann die Schablone für die große Sternform und das weiße Spinnakertuch parallel zur Webrichtung auf halbe Breite falten, aufeinanderlegen und das Tuch entlang dem Umriß ausschneiden. Den Mittelpunkt markieren. Ebenso mit dem türkisen Tuch verfahren.*

2 *Aus dem grünen und violetten Tuch je drei Dreiecke mit Hilfe der Papierschablone ausschneiden. Hier aber darauf achten, daß in jedem Teil, entsprechend seinem Platz im Segel, der Fadenlauf mit dem im weißen Tuch übereinstimmt. Die Teile gleich mit Klebestift auf dem weißen Tuch festheften.*

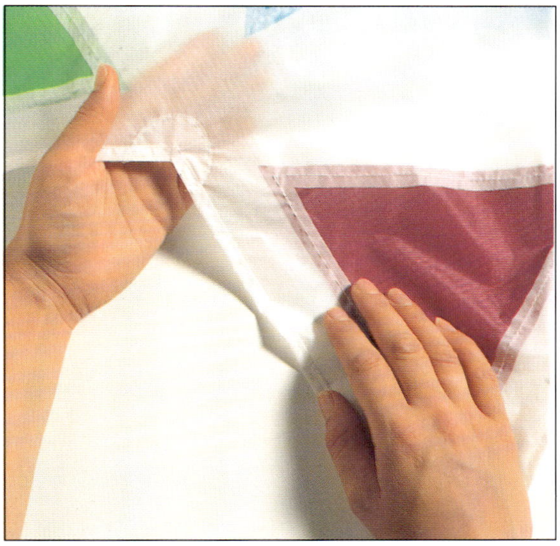

3 *Die Dreiecke mit jeweils drei Stichen pro cm auf das weiße Spinnakertuch nähen. Dann auch den türkisfarbenen Stern in die Mitte des weißen Tuchs nähen.*

4 *Das Segel wenden und etwa 6 mm neben den Nähten das weiße Tuch über den farbigen Applikationen ausschneiden.*

5 *Aus weißem Spinnakertuch sechs Kreise mit 5 cm Durchmesser ausschneiden und auf der Rückseite des Segels als Verstärkungen der Innenecken der Sternstrahlen nähen. Die Verstärkungen und das Segel dann von den Ecken her bis zu den Kreismittelpunkten einschneiden, wodurch das Umnähen des Drachensaums vereinfacht wird.*

6 *An allen Kanten das Spinnakertuch auf 15 mm Breite zweimal umschlagen und säumen. Die Eckverstärkungen zweimal absteppen.*

7

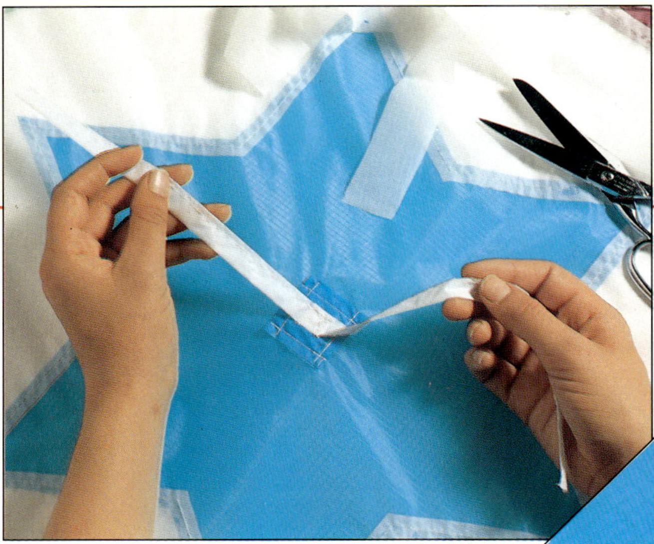

8

9

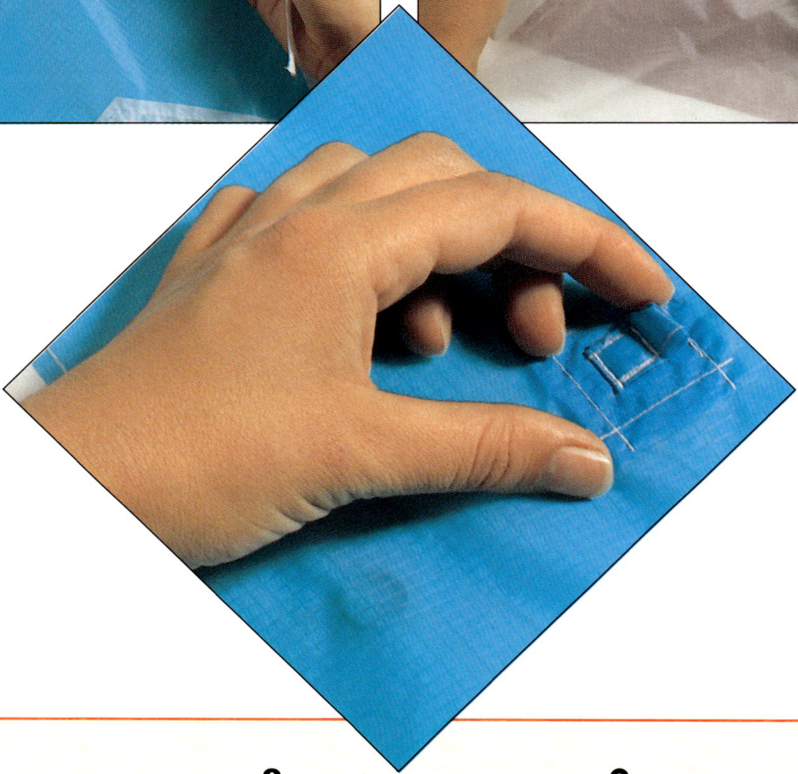

7 *Aus dem türkisen Tuch einen 16 x 4 cm großen Streifen schneiden, zu einem Quadrat falten und dann im Zentrum der Segelrückseite als Verstärkung aufnähen. Einen 50 cm langen und 4 cm breiten Streifen weißes Spinnakertuch der Länge nach zweimal falten, absteppen und dann das Band auf die Verstärkung steppen.*

8 *Aus dem weißen Tuch vier 7 x 4 cm große Streifen, aus dem türkisen Tuch einen Streifen in dieser Größe schneiden. Die Stücke der Länge nach zweimal falten und absteppen. Die weißen Streifen als Schlaufen für Schlüsselringe, an denen die Waagen befestigt werden, an zwei benachbarte und zwei ihnen gegenüberliegende Sternspitzen nähen.*

9 *Den türkisen Streifen in gleicher Weise falten und absteppen und dann auf der Vorderseite des Segels im Zentrum mit zwei Nähten als Schlaufe festnähen.*

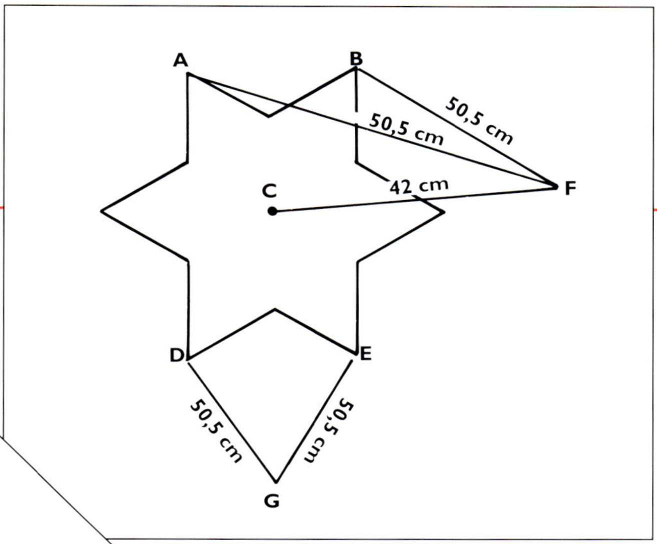

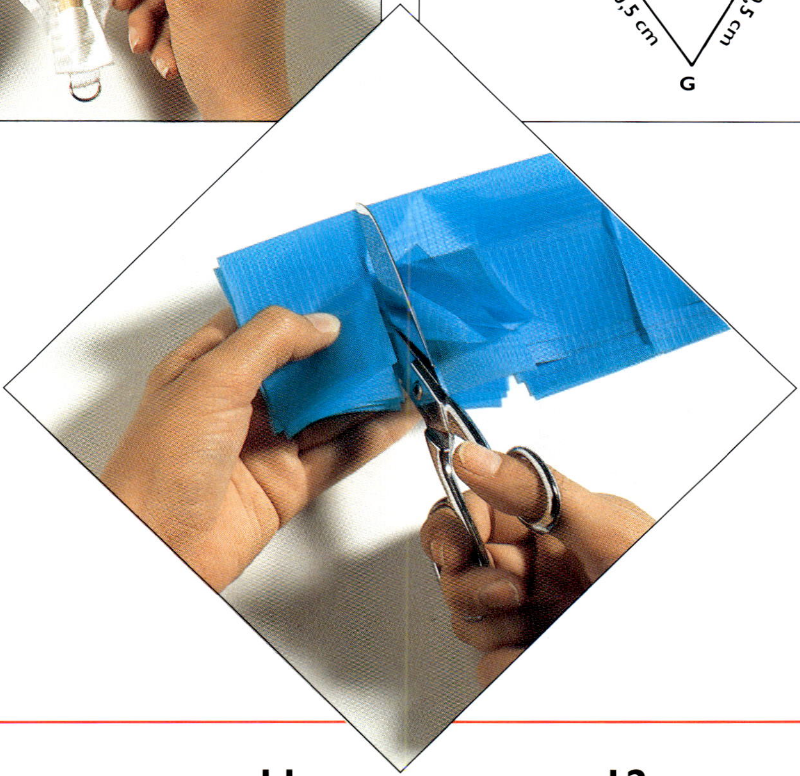

10 Für die Taschen an den Sternspitzen, in die nachher die Gestellstäbe gesteckt werden, sechs 33 x 3 cm große weiße Streifen ausschneiden, auf ein Viertel der Länge und auf halbe Breite falten und absteppen. Dann auf halbe Länge gefaltet mit zwei Nähten auf die Sternspitzen nähen.

11 Für die Waagen drei Schnüre vorbereiten. An zwei, je etwa 1,5 m lange Schnüre in der Mitte Buchtknoten fertigen, an denen Ringe eingehängt werden. Von da die Längen 50,5 cm anzeichnen und die Schnüre an diesen Markierungen bei den Punkten A und B bzw. D und E (s. Abbildung) befestigen. Eine dritte Schnur mit Nettolänge 42 cm an den Ringen bei F und im Zentrum des Segels befestigen.

12 Für den Schwanz aus den farbigen Tuchresten zehn 100 x 15 cm große Streifen schneiden. In die Streifen von den Längskanten her in Abständen von etwa 5 cm jeweils 5 cm tiefe Einschnitte machen. Dazu die Streifen mehrfach falten, so daß gleich mehrere Stofflagen durchgeschnitten werden.

13 *Auf die so vorbereiteten Schwanzstreifen mittig Nahtband nähen, dabei die Streifen mit leichter Überlappung aneinanderfügen.*

14 *Das eine Ende des Nahtbandes zu einer Schlaufe nähen. In diese Schlaufe den Schlüsselring in der Mitte der Schwanzwaage einhängen.*

15 *Drei 8 mm starke und 1 m lange Dübelhölzer in die Taschen an den Sternspitzen vorsichtig einpassen, ohne den Stoff zu beschädigen. Die Dübelhölzer sollen das Segel spannen, ohne daß es Falten wirft und ohne daß sich die Stäbe biegen. Die Enden der Stäbe mit Schleifpapier runden und glätten.*

16 *Die drei Stäbe in die Segeltaschen stecken und mit dem Band im Zentrum des Segels fest miteinander verbinden. Beim Anfliegen die Waageneinstellung überprüfen und justieren.*

PROJEKT 12

DIAMANTDRACHEN MIT KIEL

SCHWIERIGKEITSGRAD: HOCH **WIND:** MÄSSIG BIS STARK

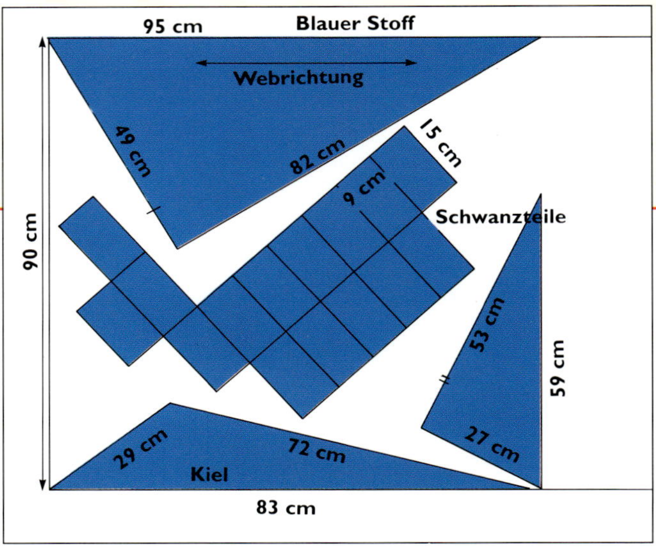

BAUMATERIAL

- Leichter Baumwollstoff in Rot und Blau, 90 cm breit, jeweils ein Meter lang
- 10 mm starkes Dübelholz, 2 m lang
- 6 m weißes Nahtband, 15 mm breit
- 50 cm Nahtband, 30 mm breit
- starkes Nähgarn
- Zwei Nietösen
- Karabinerwirbel
- Bleistift oder Schneiderkreide
- Schere
- Bügelsäge
- Schleifpapier

ALTERNATIVEN

* Das Segel kann auch in anderer Farbstellung, aus anderem dicht gewebten, sich nicht zu sehr dehnenden Material gefertigt werden.

* Für eine Leichtwindversion werden dünner Stoff und nur 8 mm starke Dübel eingesetzt.

* Die Stabtaschen können auch aus Dacron gefertigt werden.

* Am Kiel können statt der Ösen auch Stoffschlaufen zur Befestigung der Flugleine angebracht werden.

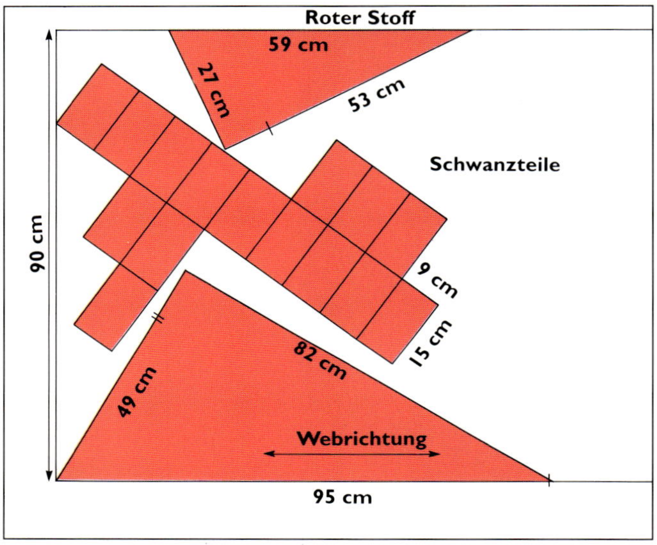

Der Diamantdrachen ist eine traditionelle Drachenform, wird hier aber mit einem Kiel vorgestellt. Ein sehr exakt gebauter Drachen fliegt auch ohne Schwanz; bei stärkerem Wind sorgt aber ein Schwanz für stabileren Flug. Je nach Wind wird auch die Waage flacher (bei starkem Wind) oder steiler (bei mäßigem Wind) eingestellt.

1 *Für die großen und kleinen Teile des Segels sowie für den Kiel Papierschablonen anfertigen und mit ihrer Hilfe die Stoffstücke zuschneiden. Darauf achten, daß die Webrichtung wie in den Zeichnungen angegeben verläuft.*

2

3

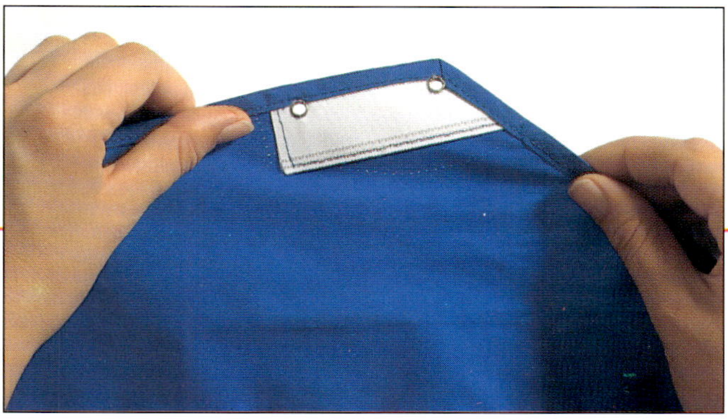

4

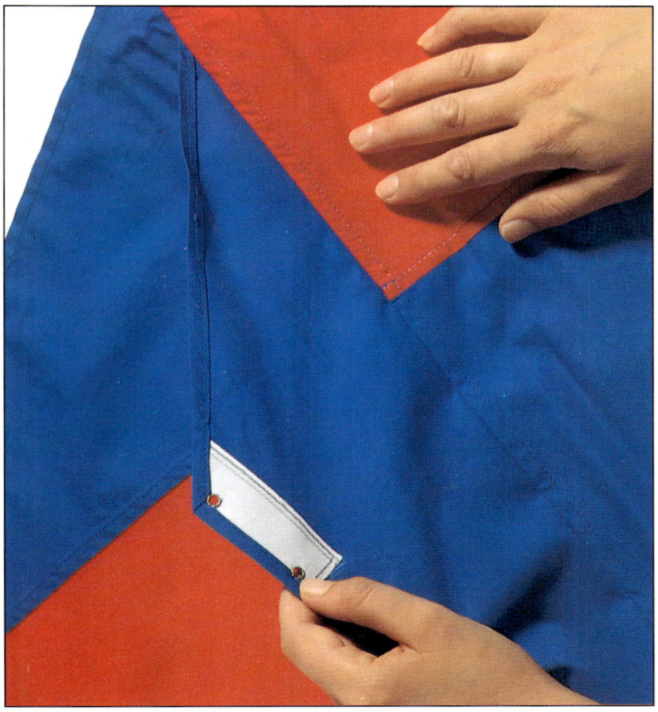

5

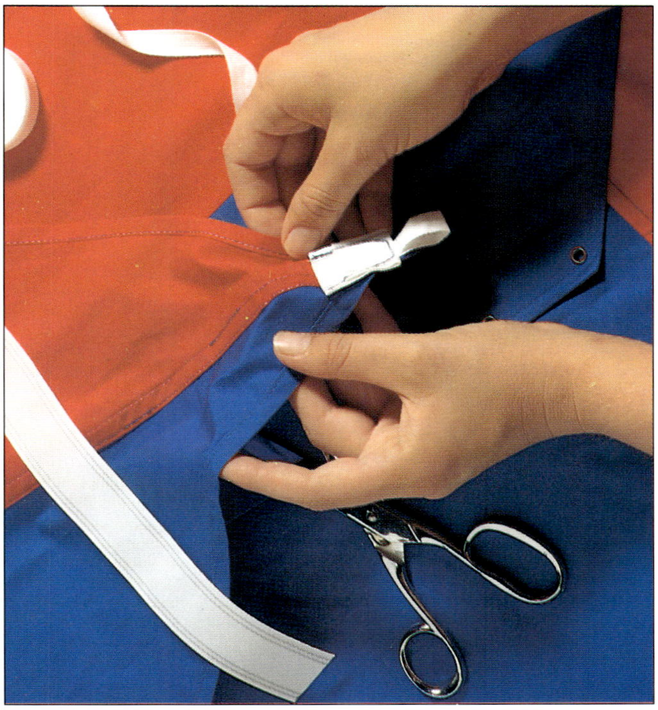

2 *Von dem schmalen Nahtband einen etwa 9 cm langen Streifen an den stumpfen Winkel des Kiels anpassen und als Verstärkung auf eine Seite des Stoffs nähen. Den Streifen jeweils 15 mm von den Stoffkanten einrücken.*

3 *Die beiden kürzeren Seiten des Kiels säumen, dazu 15 mm breite Streifen zweimal umschlagen und feststeppen. In die Verstärkung mit etwa 5 cm Abstand zwei Ösen einnieten (die eine direkt hinter der Kielspitze). Alternativ können auch Stoffschlaufen angenäht werden.*

4 *Jeweils ein kleines und ein großes Dreieck in unterschiedlichen Farben mit Kappnähten verbinden. Dann die beiden Segelhälften rechts auf rechts aufeinanderlegen, den Kiel mit 6 cm Abstand zur Drachenspitze dazwischen legen und die drei Teile durch eine Kappnaht miteinander verbinden. Danach die Außenkanten säumen, dazu wieder 15 mm breite Streifen zweimal umschlagen und feststeppen.*

5 *Einen 6 cm langen und 30 mm breiten Streifen Nahtband auf halbe Länge falten und am Schwanzende als Tasche für den Längsstab auf die Rückseite des Segels nähen. Zwischen dem Segel und der Tasche zugleich eine aus dem schmalen Nahtband gefaltete Schlaufe annähen.*

6 *Auch an die anderen drei Ecken des Segels Stabtaschen (ohne Schlaufen) nähen, die nicht über die Stoffkanten hinausragen sollten.*

7 *Zwei Dübelhölzer so ablängen, daß sie genau in die Taschen passen, ohne sich zu biegen und ohne das Segel zu straff zu ziehen. Die Enden der Stäbe runden und glätten.*

8 *Aus dem schmalen Nahtband zwei je 50 cm lange Stücke schneiden und auf die Rückseite des Segels nähen. Das eine Band genau am Kreuzungspunkt der Gestellstäbe, das zweite 35 cm näher zum Schwanzende anbringen und die Gestellstäbe damit festbinden.*

9 *Für den Schwanz aus dem restlichen Stoff 15 blaue und 15 rote Stücke, jeweils 15 x 9 cm groß, schneiden – und zwar schräg zum Fadenlauf. Diese Stücke abwechselnd, mit 20 cm Abständen auf das schmale Nahtband nähen. Die Stoffstücke vor dem Aufnähen in der Mitte etwas raffen.*

10 *An das eine Ende des Schwanzbandes eine Schlaufe nähen und darin einen Wirbelhaken einhängen. Mit diesem Wirbelhaken den Schwanz am Segel befestigen. Die Flugleine je nach Wind an der vorderen Öse (bei stärkerem Wind) oder an der hinteren Öse des Kiels anhängen.*